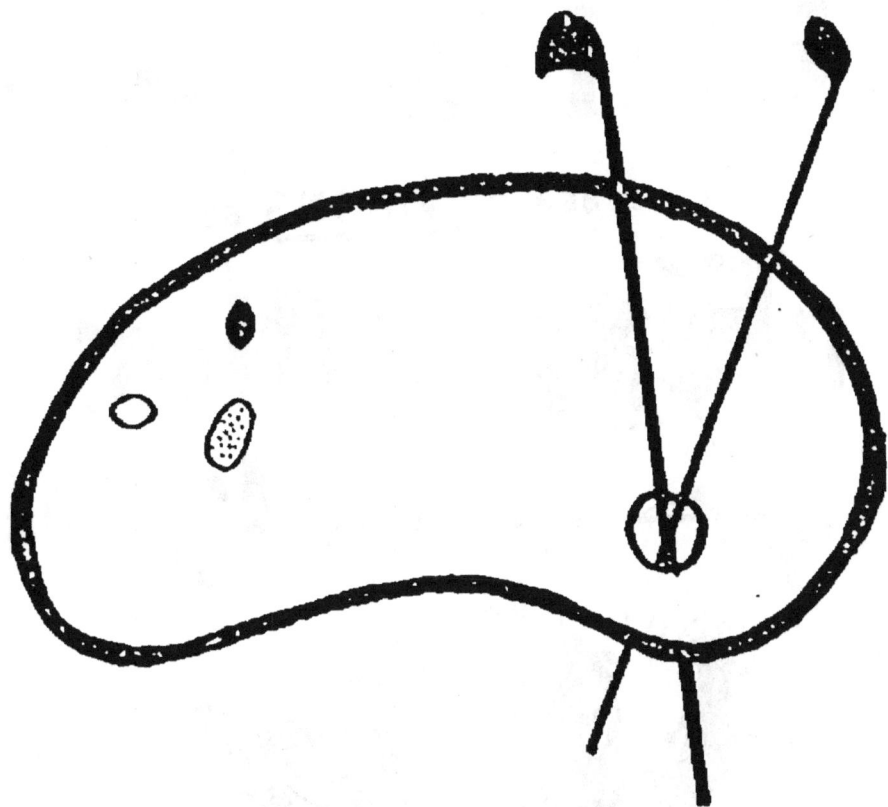

DEBUT D'UNE SERIE DE DOCUMENTS
EN COULEUR

Guide Armand Silvestre

de Paris

ET DE SES ENVIRONS ET DE

l'Exposition

de 1900

30 c.

Cent cinquantièm mille

L'k 32350

MÉRICANT, Éditeurs

Rue du Pont-de-Lodi, 1

PARIS

COMPAGNIE DES GRANDS VINS DE CHAMPAGNE
Eug. MERCIER & Cie
A ÉPERNAY
15 Grands Diplômes d'honneur. — 36 Premières Médailles
Production annuelle : 4 millions de Bouteilles.

Pavillon du CHAMPAGNE MERCIER
A L'EXPOSITION DE 1900

(Voir page 3 de la couverture.)

Le Champagne à l'Exposition

LE
CHAMPAGNE MERCIER

A côté de l'ancienne Galerie des Machines, contenant le *Palais des Champagnes*, se dresse le pavillon de la Maison E. Mercier et Cie, d'Épernay. Il est édifié en face de l'École Militaire, non loin de l'angle formé par les avenues de La Motte-Piquet et de La Bourdonnais. Construit en ciment armé, il renferme un Panorama-Diorama et un Cinématographe représentant tout le travail animé de culture de la vigne en Champagne, la vue des caves de la Maison et toute la manutention des Vins de Champagne. Un salon de dégustation complète l'installation de ce pavillon remarquable dont le succès sera au moins égal à celui du tonneau monstre qui a figuré à l'Exposition de 1889.

(Voir page 2 de la couverture.)

LIDIER & MÉRICANT, Éditeurs, 1, rue du Pont-de-Lodi,
PARIS

Vient de paraître

DANS LA

NOUVELLE COLLECTION ILLUSTRÉE

A 20 Centimes LE VOLUME

(Couverture jaune)

— ◦ —

CAROLUS

LE ROMAN
DE
L'AIGLON

— ◦ —

Trentième mille

EN VENTE :

Chez tous les Libraires, Marchands de
Journaux et dans les Gares.

Envoi franco contre 35 centimes.

PARIS. — IMP. FERD. IMBERT, 7, RUE DES CANETTES.

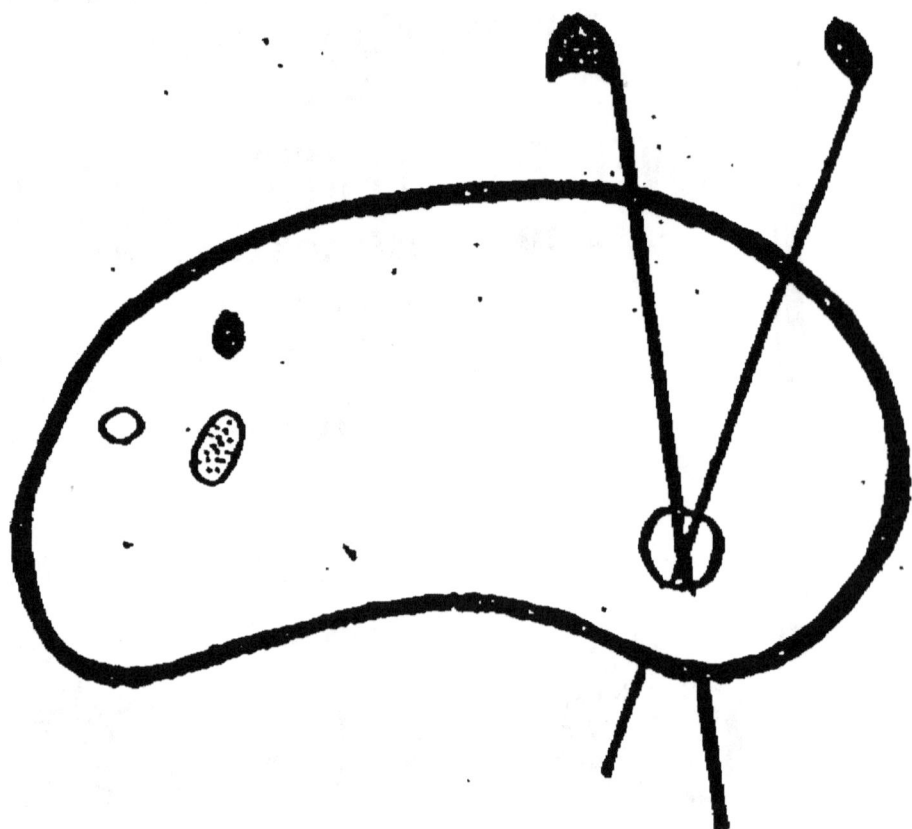

FIN D'UNE SERIE DE DOCUMENTS
EN COULEUR

EXPOSITION UNIVERSELLE

Service rapide
DE
Paris-St-Lazare au Champ-de-Mars

La Compagnie de l'Ouest vient d'ouvrir à l'exploitation la nouvelle ligne de Courcelles au Champ-de-Mars. Cette nouvelle ligne permet d'effectuer le trajet de la gare St-Lazare au Champ-de-Mars en 22 minutes.

Le service des trains entre Paris-St-Lazare et le Champ-de-Mars est actuellement fixé ainsi qu'il suit :

De Paris-St-Lazare au Champ-de-Mars

Premiers trains du matin: 5 h. 39', 6 h. 9' et 6 h. 39'. — De 7 h. 9' du matin à 2 h. 39' du soir et de 5 h. 9' à 7 h. 39' du soir: 4 trains à l'heure partant aux 9', 24', 39' et 54'. — De 2 h 39' à 5 h. 9' du soir et de 7 h. 39' à 9 h. 9' du soir : 2 trains à l'heure partant aux 9' et 39'. — Dernier départ de Paris-St-Lazare à 9 h. 9' du soir.

Du Champ-de-Mars à Paris-St-Lazare

Premiers trains du matin: 5 h. 34', 6 h. 4', 6 h. 34', 6 h. 49'. — De 7 h. 4' du matin à 2 h. 4' du soir et de 4 h. 34' à 7 h. 4' du soir: 4 trains à l'heure partant aux 4', 19', 34' et 49'. — De 2 h. 4' à 4 h. 34' du soir et de 7 h. 4' à 9 h. 4' du soir : 2 trains à l'heure partant aux 4' et 34'. — Dernier départ du Champ-de-Mars à 9 h. 4' du soir.

Un avis ultérieur fera connaître au public le service définitif sur l'Exposition.

Porte monumentale (*Place de la Concorde*).

GUIDE ARMAND SILVESTRE
de PARIS et de ses ENVIRONS
ET DE
L'EXPOSITION
DE
1900

PARIS
DIDIER ET MÉRICANT,
1, RUE DU PONT-DE-L D,

GAL

Seine
N° 1 6
1900

OUVRAGES PARUS :

Voir à la page suivante la suite du Catalogue des ouvrages parus.

Suite du Catalogue

Voir à la page suivante la suite du Catalogue des ouvrages parus.

Suite du Catalogue :

PRÉFACE

Avant de consulter ce document où nous avons réuni, pour toi, cher lecteur, tout ce qui peut faciliter ton pèlerinage à travers Paris et épargner ton temps précieux, lis ces quelques lignes qui te seront comme une introduction et une cordiale bienvenue dans la grande cité claire et mystérieuse à la fois. Tu es aussi convaincu que moi-même, qu'on ne la connaît pas tout entière pour en avoir admiré les monuments, suivi les quais merveilleux, fréquenté les superbes promenades.

Ce que je voudrais te révéler, en quelques mots, c'est, pour ainsi parler, l'âme de Paris : cette âme que lui ont faite l'antiquité de ses origines, son grand rôle à travers les âges, le naturel particulier de son peuple, et qui anime encore aujourd'hui, comme un souffle qu'aucunes ruines n'ont pu éteindre, ses murailles tant de fois rebâties. Car le pavé que tu foules est celui d'où germèrent la fleur immortelle du rire, et le fruit auguste de la Liberté. C'est par un chemin partout bordé de grands souvenirs que tu marches, et dans une atmosphère où les grandes clameurs du génie et les cris joyeux de la délivrance ont, tour à tour, vibré.

Mais, je ne veux pas demander à ta mémoire d'évoquer tous ces fantômes glorieux. Tu

regarderas simplement autour de toi, dans
Paris, au hasard de tes excursions, et tu te
sentiras pénétré de cette ambiance merveilleuse, enivrante, intime, qu'on y respire, tantôt
comme un air qui vivifie la pensée, tantôt
comme un délicieux poison. Tu oublieras tous
les livres — celui de Zola entre tous — qui ont
tenté d'analyser ce fluide impalpable, de dis-
séquer cet insaisissable élément. Tu t'en
remettras de tes impressions personnelles,
neuves et ingénues, à ce que tes yeux et tes
oreilles saisiront, au delà de ce qui se voit et
de ce qui s'entend, dans ce monde obscur des
sensations divinatrices dont le monde matériel
est comme enveloppé, dans la clarté de rêve
qui fait la vérité plus belle; et, seulement
ainsi, tu prendras ta part divine de cette
grande Poésie des choses, dont Paris est
comme un temple immortel.

Un grand poète a dit que c'était le petit
nombre des élus qui fait le Paradis; moi je dis
que ce qui fait le Paradis, ce sont les Femmes
et les Fleurs. Or Paris, entre toutes les villes
du monde, est leur double Patrie. C'est de
tous les jardins de la France ensoleillée que
lui viennent ses bouquets : Angers lui envoie
ses roses et ses camélias, Toulouse ses vio-
lettes, Nice ses mimosas, et ses lilas ont fleuri
dans sa banlieue. C'est de tous les points de
notre sol, où la beauté mûrit comme la vigne,
qu'il reçoit ses délicieuses habitantes : Pro-
vençales héritières du pur type ionien, Lan-

guedociennes aux cheveux noirs et dont les yeux ont gardé la pure flamme du sang latin, Béarnaises aux pieds mignons comme ceux des Japonaises, filles du Centre dont les traits sont accentués de gaieté gauloise, filles du Nord, race étrange où la rouge fleur du sang conquérant des Espagnes a ravivé la blancheur du beau lys flamand aux étamines d'or blond.

Oui, toutes les plus charmantes de ces races provinciales, comme les artistes du monde entier, viennent demander, à nos salons, la consécration de leur renommée, viennent se faire admirer et adorer à Paris. Tu les en peux remercier, hôte rapide pour qui semble composé cet admirable bouquet de grâces souriantes.

Mais la plus charmante de toutes encore, vois-tu, c'est la vraie Parisienne, et si tu arrives à la reconnaître entre toutes, alors tu connaîtras vraiment Paris. Car elle en est l'âme secrète et toujours chantante, le charme toujours en éveil, la grâce toujours éblouissante.

Elle a coiffé, tour à tour, la guirlande de gui prophétique, le hennin majestueux de aïeules, le bonnet de Mimi Pinson et la cocarde joyeuse de la Liberté. La Parisienne! ô lecteur que je veux déjà croire ami, si tu emportes, de ton voyage, le culte exquis et le souvenir reconnaissant qu'elle mérite, tu n'auras pas perdu ton temps.

Incessu patuit Dea, dit le poète latin. Comme la déesse antique, c'est à sa démarche que se

devine déjà la Parisienne. On l'a comparée à
la perdrix qui trotte ! allons donc ! Oui, son
pas est léger comme celui de l'oiseau, mais
d'un bel oiseau de fantaisie aux merveilleuses
couleurs. Un autre signalement : on ne la peut
rencontrer, sans un désir éperdu de la suivre.
Prends garde! Le jeu n'est pas toujours prudent.
On a beaucoup médit de sa vertu, mais ceux
qui l'ont éprouvée te diront qu'elle est fidèle
quand elle aime, et elle aime souvent. De plus,
elle est moqueuse et se rit souvent de ses soupi-
rants. Surtout, ne te fâche pas ! Aie l'air plutôt
d'en éprouver une peine grande et sincère. Car
elle est bonne fille, et tu peux espérer quelque
chose encore de sa pitié. Son aumône en vaut
encore la peine, et elle a la pitié généreuse,
une pitié dont on pourrait dire, comme dans
la chanson : « *De l'amour, non, mais ça se valait
bien !* »

Et maintenant, ne te demande pas d'où
elle vient. C'est une fleur poussée entre les
pavés de Paris, ici fleur superbe, — car nos
sculpteurs trouvent à Montmartre des modèles
dignes du ciseau de Phidias, sœurs lointaines
des antiques Vénus de marbre; — là, la fleu-
rette mignonne comme les roses pompons, née
dans les petits jardins de Belleville où Paul
de Kock mettait volontiers ses joyeuses
idylles. Cette Flore vivante des faubourgs
parisiens en demeure justement l'orgueil. Si
le caprice de l'heure et de tes voyages t'y
conduit, à la sortie des ateliers, je te promets

d'aimables surprises et ce te sera une mélan-
colique pensée, comme à moi-même, que des
travaux si lourds à la grâce débile de la femme,
flétrissent, avant le temps, tant d'êtres si bien
faits pour l'Amour !

25 mars 1900.   ARMAND SILVESTRE.

TABLE MÉTHODIQUE DES MATIÈRES

EXPOSITION DE 1900

Plans de l'Exposition.

Monuments et Palais divers.

Exposition Etrangère et Coloniale.

Attractions Étrangères et Coloniales.

Grandes Attractions Diverses.

Théâtres de l'Exposition (rue de Paris).

FIN DE LA TABLE

PARIS

I. Arrivée à Paris.

Le voyageur, qui arrive pour la première fois à Paris, subit des impressions très diverses, selon l'heure à laquelle il descend du train.

Quand on arrive de très bonne heure le matin, après une nuit passée plus ou moins commodément en wagon, et que l'on se trouve tout à coup sur le pavé de Paris, sale, gluant encore de l'arrosage, entre ces maisons hautes de six et sept étages, d'aspect sombre et triste, de véritables casernes, on éprouve une certaine désillusion et l'on se dit spontanément : « Ce n'est que ça, Paris? »

C'est que les rues sont presque désertes à cette heure matinale. La toilette des pavés n'est pas encore faite et, comme le Parisien se couche et se lève tard, il est rare que l'on trouve la grande cité aussi fraîche et pimpante le matin, qu'à l'heure du déjeuner.

Cette première impression est cependant vite effacée quand on voit les rues s'animer, les magasins s'ouvrir, les fleurs s'épanouir dans les squares, tandis que, remuante, alerte, gaie et bourdonnante comme en une immense ruche, la foule se répand en un flot vivifiant à travers les artères de la grande ville.

Ceux qui arrivent vers midi ou le soir, seront agréablement surpris de rencontrer cette activité, cette exubérance, cette expansion générale de vivacité, de joie et d'insouciance, sous lesquelles

se voilent la misère et le malheur qui, hélas! à
Paris, comme dans toutes les grandes villes,
règnent en maîtres sur beaucoup de déshérités.

On peut arriver à Paris par sept gares différentes, dont trois sont situées sur la *rive gauche*
et quatre sur la *rive droite*.

Lire en Chemin de fer les volumes de la
Collection illustrée à **20** cent. (couverture jaune).

II. GARES DE CHEMINS DE FER

Renseignements pratiques. — Omnibus des gares.

Les gares de la rive gauche sont:
La Gare d'Orléans sur le *quai d'Austerlitz* et
la Gare d'Orléans sur le *quai d'Orsay*, bâtie sur
l'emplacement de l'ancienne Cour des Comptes et
inaugurée pour l'Exposition de 1900. La Gare
Montparnasse, sur le boulevard du même nom et
du réseau de la Compagnie de l'Ouest.

Les gares de la rive droite comprennent: La Gare
Saint-Lazare en plein centre de Paris (Compagnie de l'Ouest); la Gare de Lyon (Compagnie du
P. L. M.); la Gare de l'Est, en haut du *boulevard
de Strasbourg* et, à trois cents mètres de là, près
du *boulevard de Denain*, la Gare du Nord.

Renseignements pratiques. — Les *bagages* sont délivrés quelques minutes après l'arrivée du train en échange du *récépissé* délivré au départ.

Nous conseillons aux voyageurs qui ne veulent pas s'encombrer et qui redoutent les poussées de la foule ainsi que les inconvénients d'une attente plus ou moins longue, de déposer leurs colis à la *consigne* de la gare, où il leur sera délivré un *récépissé spécial.* La taxe perçue est de 0 fr. 10 cent. pour un jour, plus 0 fr. 05 par journée supplémentaire.

Une fois arrivés à bon port, chez des parents ou à l'*hôtel,* les voyageurs peuvent charger un domestique de retirer les bagages et les colis de la consigne. Ce procédé évite bien des ennuis et des tracas et, si l'on y regarde de près, ne coûte pas plus cher, au contraire.

Tarif des commissionnaires. —Aux abords des gares de même qu'à l'intérieur de Paris, on trouve des *commissionnaires* agréés par la Préfecture de police. Ils sont reconnaissables à une médaille ou plaque en cuivre qu'ils portent sur la poitrine, et sur laquelle se trouve inscrit leur numéro d'immatriculation. On fait bien, toutes les fois qu'on charge un commissionnaire de faire une course, de prendre son numéro. Le prix de chaque commission est au minimum d'un franc. Selon les distances ce prix augmente. Il est prudent de toujours bien faire ses conventions à l'avance, pour éviter les désagréments. Quand il y a une réponse à rapporter, le commissionnaire est tenu de le faire, sans avoir le droit de majorer le prix de sa course.

A toutes les gares, il y a des *fiacres*, des *omnibus* et autres moyens de transport. Voici à l'usage de nos lecteurs les renseignements relatifs aux moyens de transport et formalités à remplir à l'arrivée et au départ des différentes gares de Paris.

Gare de Lyon. — Dans la cour, *voitures de place* à tarif ordinaire. La Compagnie tient à la disposition du public des *coupés* et *omnibus de famille* qu'il faut commander 12 heures à l'avance, tant à l'arrivée qu'au départ, au chef de gare.

En voici le prix :

1º. *Coupés* à 2 places : 1re zone, du 1er au XIIIe arrondissement, y compris la gare de Montparnasse : 3 francs.

2me et 3me zones : XIVe, XVe, XVIe *(Passy-Auteuil)*, XVIIe, XVIIIe, XIXe et XXe arrond., 4 francs.

2e. *Omnibus* à 4 places, pendant le jour ou la nuit, pour une zone comprise du 1er au XIIIe arrond., y compris la gare de Montparnasse : 4 francs. Pour 6 pers. : 5 francs. Pour 12 pers. : 10 francs.

Dans la 2e zone : XIVe, XVe, XVIIe, XVIIIe, XIXe, XXe arrond., 4 pers. : 5 francs; 6 pers. 6 francs; 12 pers. : 12 francs.

Dans la 3e zone : XVIe arrond. : *(Passy-Auteuil)* 4 pers. : 6 francs; 6 pers.: 8 francs; 12 pers.: 15 francs, bagages compris.

Gare de l'Est. — Dans la cour, *fiacres* au tarif ordinaire.

Omnibus de famille appartenant à la Compagnie, contenant 8 places à l'intérieur et 2 à côté du cocher.

Pour conduire les voyageurs de la gare à domicile, les prix varient selon les quartiers et sont fixés comme suit :

1re zone : anciennes limites de Paris, y compris *Montmartre, La Chapelle* et *Belleville.* Prix de 1 à 3 voyag., de 7 heures du matin à minuit

3 francs; de minuit à 7 heures du matin : 4 francs.

2ᵉ zone. *Batignolles, Les Ternes, Ménilmontant* et *Charonne*. Prix de 1 à 3 voyag., de 7 heures du matin à minuit : 4 francs; de minuit à 7 heures du matin : 5 francs.

3ᵉ zone. *Passy, Auteuil, Grenelle, Vaugirard, Montrouge, Ivry-Paris* et *Bercy*. Prix de 1 à 3 voyag., de 7 heures du matin à minuit : 5 francs; de minuit à 7 heures du matin : 6 francs.

Pour l'une des 3 zones indifféremment, soit de jour, soit de nuit, il sera perçu 1 franc par place au-dessus de 3 voyageurs.

Omnibus de la Compagnie retenus à l'avance et omnibus pour prendre les voyageurs à domicile (les commander au moins 4 heures à l'avance au bureau des omnibus de la gare).

1ʳᵉ zone, de 1 à 5 voyageurs : 5 francs;
2ᵉ zone, de 1 à 5 voyageurs : 6 francs;
3ᵉ zone, de 1 à 5 voyageurs : 7 francs.

Pour l'une des 3 zones, indifféremment, 1 franc par place au-dessus de 5 voyageurs.

Ces prix s'entendent soit de jour, soit de nuit.

Franchise des bagages applicable aux services d'omnibus de la Compagnie : de 1 à 3 voyag. : 60 kilog.; de 4 à 10 voyag. : 100 kilog.; au-dessus de ces poids : 0 fr. 01 par kilog.

Voitures spéciales avec *galerie* pour bagages (4 places), pour conduire à domicile dans tout Paris. Du 1ᵉʳ avril au 30 septembre, de 6 heures du matin à minuit 30' : 2 fr. 50; de minuit 30' à 6 heures du matin : 3 francs. Du 1ᵉʳ octobre au 31 mars, de 7 heures du matin à minuit 30' : 2 fr. 50; de minuit 30' à 7 heures du matin : 3 francs.

Voitures retenues à l'avance ou voitures pour prendre à domicile dans tout Paris. Le jour : 3 francs ; la nuit : 4 francs.

Ces prix, applicables au service des voitures de la Compagnie, s'entendent bagages compris.

Gare du Nord. — *Voitures* à galerie à la descente de la gare, la course dans Paris, bagages compris : 2 fr. 50 le jour ; 3 francs la nuit.

Voitures commandées à l'avance, soit à domicile, soit à l'arrivée des trains, la course, bagages compris, 3 francs le jour, 4 francs la nuit.

Omnibus de famille à la descente de la gare. Pour 1 ou 2 voyag. 3 francs ; 3 ou 4 voyag. : 4 francs ; 5 ou 6 voyag. : 6 francs ; 7 ou 8 voyag. : 8 fr ; 9 à 12 voyag. : 10 francs.

Omnibus commandés à l'avance (sans égard au nombre de voyageurs), à 6 places : 6 francs ; à 12 places : 10 francs.

Les commandes sont reçues à la gare du Nord, à l'adresse de M. le Chef de service de la Compagnie générale des voitures pour le service des chemins de fer (téléphone 404-88), et dans les bureaux-succursales de Paris, à condition qu'elles soient faites 4 heures à l'avance.

Gare d'Orléans. — *Voitures de place* au tarif ordinaire. Dans la gare, service d'*omnibus* à 0 fr. 30 la place. *Omnibus de famille* dans Paris, pour 2 pers : 3 francs, jour et nuit indistinctement ; pour 3 pers. : 3 fr, 75 ; pour 4 pers. : 4 fr. 50 et pour chaque voyageur en plus jusqu'à 7 : 0 fr. 50. Il faut commander l'omnibus d'avance au chef de gare.

Gares Saint-Lazare et Montparnasse. — *Voitures* de place à tarif ordinaire.

Service d'*omnibus de famille*, de 4 à 6 places pour Paris dans l'enceinte des fortifications, le

jour : 5 francs, la nuit : 6 francs. Retenir ces omnibus d'avance, à M. le Chef du Dépôt de la cavalerie de la Compagnie de l'Ouest, 86, rue de
Rome et demander, en arrivant, au guichet spécial, le numéro de la voiture.

Service spécial pour tout Paris de *voitures à 4
places*, avec galerie pour bagages ; il n'est point
nécessaire de retenir ces voitures à l'avance.

Le service se fait de 6 h du matin à minuit 30
en été et de 7 h. à minuit 30 en hiver, en tant que
service de jour, et, en tant que service de nuit, de
minuit 30 à 6 h. du matin l'été et à 7 h. l'hiver.

Prix de la course : 2 francs et de l'heure 2 fr. 50
pour le service de jour, et de 2 fr. 50 la course et
2 fr. 75 l'heure pour le service de nuit. Chaque
colis : 0 fr. 25 en sus.

Prix spécial pour le transport aux gares d'Orléans et de P.-L.-M. : 4 fr. 50 le jour et 5 francs
la nuit.

Lire en Chemin de fer les volumes de la
Collection illustrée à **20** cent. (couverture jaune).

III. MOYENS DE TRANSPORT

1. Cochers. — Voitures de place.

Les cochers de Paris ont, à tort ou à raison,
une réputation qui les représente comme des gens
mal élevés, grossiers, hargneux, qui s'imaginent
volontiers que le public est fait pour eux et non
pas qu'ils sont là, eux-mêmes, pour ce public qu'ils

semblent traiter parfois de toute la hauteur de
leur morgue.

Il ne nous appartient pas d'émettre ici une
appréciation. Il y a certainement du vrai dans ce
que l'on dit de l'automédon parisien, comme il
y a également beaucoup d'exagération dans les
bruits répandus sur cette catégorie de travailleurs auxquels la capitale doit une grande partie
de son animation,

Lors de l'Exposition de 1889, il s'est produit de
nombreux abus, contre lesquels il a été très souvent difficile de réagir.

Il ne faut pas se faire d'illusions sur ce qui se
produira en 1900. Les cochers émettront les
mêmes prétentions exorbitantes, et en feront un
peu à leur tête.

A cela, il n'y a qu'à leur opposer un peu
d'énergie et... les règlements et tarifs en vigueur.

Voitures de place. — Voici tout d'abord, à
l'usage de nos lecteurs, un extrait des règlements
auxquels sont soumis, sans exception, tous les
cochers de fiacre du département de la Seine.

Règlement concernant le tarif des voitures de place et de remise..

§ 1er. — Les cochers sont tenus de se rendre au domicile du
voyageur. Lorsque le temps employé pour leur déplacement
et l'attente du voyageur excède 15 minutes, le tarif à l'heure
est appliqué à partir du moment où la voiture a été louée.

§ 2. — Lorsqu'un cocher s'est rendu à domicile et qu'il n'est pas
employé, il lui est payé la moitié du prix d'une course ordinaire, si le temps employé pour le déplacement ne dépasse pas
1|4 d'heure, et le prix entier d'une course, si le temps excède
1|4 d'heure,

§ 3. — Les cochers loués à la course ont le droit de suivre la
voie la plus courte ou la plus facile ; ils ne peuvent prétendre
qu'au prix de la course lorsque, sans s'écarter de l'itinéraire, ils
sont requis de prendre ou de déposer, pendant le trajet, un
ou plusieurs voyageurs ; ils ont droit au prix de l'heure, lorsque

ces derniers font décharger des colis placés à l'extérieur de la voiture, ou lorsque, ayant été loués pour une course, les cochers sont requis de changer l'itinéraire le plus direct pour se rendre à destination.

§ 4. — Les cochers loués à l'heure doivent suivre l'itinéraire indiqué par le voyageur.

§ 5. — Les cochers loués à la course et les cochers loués à l'heure (sauf le cas où ces derniers sont requis d'aller au pas) doivent faire marcher leurs chevaux de manière à leur faire parcourir 8 kilomètres à l'heure pour les voitures de place, et 10 kilomètres pour les voitures de remise.

§ 6. — La première heure est due intégralement, lors même qu'elle ne serait pas entièrement écoulée. Le temps excédant la première heure est payé proportionnellement à sa durée.

§ 7. — Les cochers pris à la course ou à l'heure avant minuit trente minutes, et qui arrivent à destination après cette heure, n'ont droit qu'au prix du jour, pour la course et pour la première heure. Il est interdit aux cochers de fumer sur leur siège.

Un cocher qui s'arrête sur la réquisition d'un voyageur pour le charger, est forcé de marcher sous peine de se voir dresser procès-verbal.

Nous conseillons à nos lecteurs, qui ont l'intention d'arrêter un cocher pendant la durée de l'Exposition, de ne jamais lui dire préalablement où l'on veut aller ni dans quelles conditions. Le mieux à faire est de monter carrément dans la voiture et, alors seulement que l'on est installé, de dire à l'automédon, si on le prend à la course ou à l'heure, et dans le premier cas le but de la course. Une fois chargé, le cocher n'a plus le droit de prétexter un empêchement quelconque. Il aura beau prétendre qu'il veut aller *ralayer*, il lui faudra, bon gré mal gré, marcher.

Ceci dit, qu'on nous permette de donner à nos lecteurs quelques bons conseils.

Quand vous montez dans une voiture, ayez toujours soin de prendre le numéro ou de vous faire remettre le *bulletin de voiture* par le cocher. On ne sait jamais ce qui peut arriver. À part les démêlés auxquels peut donner lieu le règlement, il y a toutes sortes d'éventualités qui peuvent se produire. La plus fréquente est certainement l'oubli, dans la voiture, d'un objet de plus ou moins de valeur et que l'on voudrait ravoir. En possédant le numéro de la voiture, il devient aisé de retrouver l'objet oublié ou perdu.

Objets perdus. — Beaucoup de cochers déposent les objets trouvés dans leurs voitures au siège central de l'Administration, *1 place du Théâtre-Français.* Mais le mieux, quand il ne s'agit pas de cas pressés, est d'aller réclamer le surlendemain à la préfecture de police de *10 heures du matin à 4 heures du soir,* au bureau des objets trouvés.

Il en est de même pour les objets perdus ou oubliés dans les *omnibus, tramways, bateaux-omnibus* ou sur la *voie publique.* Les objets perdus peuvent même se réclamer par correspondance, si l'on a quitté Paris brusquement.

Voici les tarifs en vigueur :

DANS PARIS	Le Jour		De minuit à 6 h. du matin	
	Course	Heure	Course	Heure
Voitures à 2 places.......	1 fr. 50	2 fr. »	2 fr. 25	2 fr. 50
Voitures à 4 places.......	2 fr. »	2 fr. 50	2 fr. 50	2 fr. 75

HORS DES FORTIFICATIONS	De 6 h. du matin à minuit en été 10 h. du soir en hiver.	
	Course ou Heure	Si on laisse la voiture hors des fortifications:
Voitures à 2 places	2 fr. 50	Indemnité de retour, 1 fr.
Voitures à 4 places........	2 fr. 75	

Le transport des bagages se paie à part. Le prix en est fixé ainsi qu'il suit : 0 fr. 25 cent. par objet. Trois colis et au-dessus ne paient que 0 fr. 75 centimes.

Quand on prend un cocher à l'heure, il est bon de ne jamais oublier de bien lui faire remarquer *l'heure* du départ.

Toutes réclamations concernant les cochers peuvent être adressées aux *agents de police* de service aux stations de voiture, ou bien, ce qui vaut infiniment mieux, à la *préfecture de police* verbalement ou par écrit.

Les personnes désirant se rendre aux **courses** trouveront un peu partout dans Paris de grands *breaks* appelés tapissières, pouvant contenir un grand nombre de voyageurs. On peut retenir sa place à l'avance. Les prix varient selon les propriétaires du véhicule et surtout selon les journées. On fait bien de débattre son prix pour *l'aller* et pour le *retour*.

2. Omnibus et tramways.

Paris est sillonné en tous sens par une infinité d'omnibus et de *tramways* appartenant à la Compagnie générale des Omnibus ou aux différentes Compagnies de Tramways du département de la Seine, qui en ont le monopole.

Omnibus de la gare Saint-Lazare. — Il existe cependant un autre service d'omnibus, assez restreint, organisé par le service des Messageries Nationales et la Compagnie Parisienne. Ces omnibus ne fonctionnent pour le moment que de la *gare Saint-Lazare* comme point de départ.

Très confortables, ces omnibus n'ont qu'un défaut, c'est de ne pouvoir charger en route que des voyageurs à destination de la gare Saint-Lazare. Il leur est absolument défendu de laisser descendre des voyageurs en cours de route, tout en ayant licence pleine et entière d'en charger en n'importe quel endroit du parcours.

Voici le tarif de ces voitures :

Gare St-Lazare-Ple St-Eustache, Halles.	Int. et Imp.	Pr. uniq.,	0,15
— Magasins du Bon-Marché	—	—	0,35
— Place de la République	—	—	0,20
— Hôtel de Ville	—	—	0,20
— Bourse du Commerce	—	—	0,20

Omnibus et Tramways. — Dans l'enceinte de Paris, le prix des places dans les omnibus est uniformément fixé à 0 fr. 15 cent. sur *l'impériale* et 0 fr. 30 cent. à *l'intérieur*. Dans les tramways à traction mécanique dépendant de la Compagnie, il existe des compartiments de *première* et de *deuxième classe* aux prix de 0 fr. 30 et 0 fr. 15 centimes.

Quand on veut prendre un omnibus ou un tramway à une tête de ligne ou dans un bureau, on fait bien de se munir d'un *numéro* d'ordre délivré gratuitement par les contrôleurs. En cours de route, on n'a qu'à faire un signe, soit au cocher ou au conducteur, pour faire arrêter la voiture où l'on peut monter,... si elle n'est pas au complet.

Correspondances. — L'on peut demander des *correspondances* pour une autre ligne, sans augmentation de prix à l'intérieur. Si l'on veut se rendre dans un endroit pour lequel il n'existe pas de ligne directe de tramways ou d'omnibus, on peut descendre à un bureau d'omnibus et reprendre une autre ligne qui conduit à l'endroit voulu ou tout au moins dans le voisinage. Il suffit de réclamer cette correspondance au conducteur, *au moment de payer.* Le conducteur remet un petit carton au voyageur, au moyen duquel ce dernier pourra prendre une autre voiture, sans payer une deuxième fois. Seulement, il faut bien avoir soin de ne descendre qu'à une station et *ne pas la quitter*, sans cela la correspondance devient nulle. Quand le voyageur occupe une place d'intérieur à 0 fr. 30 cent, la correspondance lui est délivrée gratuitement. Les voyageurs d'impériale ont à payer un supplément de 0 fr. 15 cent. soit 0 fr, 30 en tout, mais ils ont le droit d'occuper ensuite une place d'intérieur. La *correspondance* doit être remise au contrôleur au moment de monter en voiture, sans cela elle perd sa valeur et le voyageur est tenu de payer une deuxième fois.

La Compagnie des Omnibus exploite exactement en temps normal quarante-cinq lignes d'omnibus et trente-cinq lignes de tramways, dont voici la nomenclature :

Omnibus

1. Carrefour de Feuillantines. — Place Clichy.
2. Trocadéro. — Gare de l'Est.
3. Porte-Maillot. — Hôtel-de-Ville.
4. Place de l'Étoile. — Palais-Royal.
5. Ternes. — Boulevard des Filles-du-Calvaire.
6. Place des Ternes. — Filles-du-Calvaire.
7. Madeleine. — Bastille.
8. Place Wagram. — Bastille.
9. Batignolles. — Jardin des Plantes.
10. Batignolles-Clichy. — Odéon.
11. Place Pigalle. — Halle-aux-Vins.
12. Montmartre. — Place Saint-Jacques.
13. Boulevard Saint-Marcel. — Notre-Dame-de-Lorette.
14. La Villette. — Saint-Sulpice.
15. Buttes-Chaumont. — Palais-Royal.
16. Belleville. — Louvre.
17. Lac Saint-Fargeau. — Louvre.
18. Ménilmontant. — Gare Montparnasse.
19. Charonne. — Place d'Italie.
20. Plaisance. — Hôtel-de-Ville.
21. Gare de Lyon. — Saint-Philippe-du-Roule.
22. Rue Jenner. — Square Montholon.
23. — Gentilly-Ceinture. — Place de la République.
24. Boul. Montparnasse. — Gare du Nord.
25. — Vaugirard. — Gare Saint-Lazare.
26. Grenelle. — Porte Saint-Martin.
27. Grenelle. — Bastille.
28. Passy. — Bourse.
29. Gare du Nord. — Place de l'Alma.
30. Champ-de-Mars. — Quai de Valmy.
31. Montrouge. — Gare de Passy.
32. Panthéon. — Place Courcelles.
33. Porte de Versailles. — Louvre.
34. Grenelle-Javel. — Gare Saint-Lazare.
35. Gare Saint-Lazare. — Ecole Militaire.
36. Gare Saint-Lazare. — Place Saint-Michel.
37. Parc Monceau. — La Villette.
38. Gare Saint-Lazare. — Gare de Lyon.
39. Gare des Batignolles. — Gare Montparnasse.
40. Montmartre. — Saint-Germain-des-Prés.
41. Abattoirs de Vaugirard. — Les Halles.
42. Boulevard de Bercy. — Boulevard de la Villette.
43. Porte d'Ivry. — Place de la Bastille.
44. Palais-Royal. — Ecole Militaire.
45. Porte-Saint-Martin. — Place de la Concorde.

Tramways.

1. Louvre. — Vincennes.
2. Etoile. — La Villette.
3. Villette. — Place de la Nation.
4. Cours de Vincennes. — Louvre.
5. Montrouge. — Gare de l'Est.
6. La Chapelle. — Square Monge.
7. Cimetière de Saint-Ouen. — Bastille.
8. Passy. — Hôtel-de-Ville.
9. Louvre. — Charenton. — Créteil.
10. Bastille. — quai d'Orsay.
10 bis. — Bastille. — Avenue Rapp.
11. Gare de Lyon. — Place de l'Alma
12. Muette. — Rue Taitbout.
13. Gare d'Auteuil. — Rond-point-de-Boulogne.
14. Trocadéro. — La Villette.
15. Trocadéro-Ceinture. — Place Pigalle.
16. Porte d'Ivry. — Les Halles.
17. Eglise de Boulogne. — Les Moulineaux.
18. Gare de Sceaux. — Place de la Nation.
19. Pantin. — Opéra.
20. Châtelet. — Montreuil.
21. Place de la République. — Charenton.
22. Châtelet. — Saint-Denis.
23. Louvre. — Saint-Cloud. — Sèvres et Versailles.
24. Auteuil. — Saint-Sulpice.
25. Saint-Augustin. — Cours de Vincennes.
26. Auteuil. — Madeleine.
27. Montrouge. — Saint-Philippe-du-Roule.
28. Etoile. — Opéra.
29. Boul. de Vaugirard. — Gare du Nord.
30. Gare du Nord. — Gare d'Orléans.
31. Arpajon. — Rue de Médicis.
32. Point du Jour. — Place de l'Alma.
33. Gare de l'Est. — Place de la Concorde.
34. Place de la République. — Place de la Concorde
35. Bastille. — Place de la Concorde.

Tramways-Sud. — Les renseignements donnés sur la Compagnie des Omnibus s'appliquent en tout et pour tout aux Compagnies de Tramways. Les prix à l'intérieur de Paris sont les mêmes. Hors de l'enceinte des fortifications, des *prix de distance* sont appliqués.

Voici les onze lignes de cette Compagnie :

1. Saint-Germain-des-Prés. — Fontenay-aux-Roses.
2. Place de l'Etoile. — Gare Montparnasse.

3. Gare Montparnasse. — Bastille.
4. Châtelet. — Vitry. — Choisy-le-Roi.
5. Châtelet. — Villejuif. — Bicêtre.
6. Place du Châtelet. — Ivry.

7. Saint-Germain-des-Prés. — Clamart.
8. Bastille — Charenton.
9. Vanves. — Saint-Philippe du-Roule.
10. Place de la Nation. — Place Valhubert.
11. Les Halles. — Petit-Ivry.

Tramways de Paris et du département de Seine-et-Oise

1. Étoile. — Courbevoie.
2. Courbevoie. — Suresnes.
3. La Madeleine. — Neuilly. — Courbevoie.
4. Madeleine. — Ile de la Jatte. — Courbevoie
5. Madeleine. — Neuilly. — Boulevard du Château.
6. Madeleine. — Levallois-Perret.
7. Madeleine. — Asnières. — Gennevilliers.

8. Madeleine. — Asnières.
9. Madeleine. — Saint-Denis.
10. Saint-Denis. — Porte Maillot.
11. Saint-Denis. → Opéra.
12. Saint-Denis. — Châtelet.
13. Place de la République. — Pantin.
14. Place de la République. — Aubervilliers.

Nota : *A la ligne de Paris à Saint-Germain, des prix de distance sont appliqués.*

AVIS IMPORTANT

Nous ne donnons pas les itinéraires suivis par ces diverses lignes, parce que nos lecteurs trouveront à l'endroit propice l'indication des lignes qu'il leur faut prendre pour leur commodité.

3

3. Bateaux-Omnibus.

Itinéraire.

d'AUSTERLITZ à AUTEUIL (Point-du-Jour)

STATIONS DESSERVIES

1. Austerlitz	R.O.	8. Alma	R.D.
2. Sully	R.D.	9. Trocadéro	R.D.
3. Ile Saint-Louis	R.D.	10. Passy	R.D.
4. Châtelet	R.D.	11. Grenelle	R.D.
5. Louvre	R.D.	12. La Galiotte (Auteuil)	R.D.
6. Pont-Royal	R.D.	13. Auteuil	R.D.
7. Concorde	R.D.		

PRIX DES PLACES........ { 10 c. Semaine.
{ 20 c. Dimanches et Fêtes.

De CHARENTON au viaduc d'AUTEUIL (Point-du-Jour)

STATIONS DESSERVIES

1. Charenton (Marne)	R.D.	12. Pont-Neuf	R.G.
2. Alfortville (Marne)	R.G.	13. Saints-Pères	R.G.
3. Les Carrières	R.D.	14. Pont-Royal	R.G.
4. Ivry	R.G.	15. Concorde	R.O.
5. Pont National	R.D.	16. Invalides	R.G.
6. Pont de Tolbiac	R.G.	17. Alma	R.G.
7. Pont de Bercy	R.D.	18. Iéna	R.G.
8. Austerlitz	R.D.	19. Suffren	R.G.
9. Austerlitz en montée		20. Passy	R.G.
seulement	R.G.	21. Grenelle	R.G.
10. Tournelle	R.G.	22. Javel	R.G.
11. Grève	R.D.	23. Auteuil	R.D.

PRIX DES PLACES	En semaine	Dimanches et Fêtes
1° Charenton au Point-du-Jour...........	» 20	» 25
2° Charenton au Pont d'Austerlitz........	» 10	» 15
3° Pont d'Austerlitz (R.D.) au Point-du-Jour	» 10	» 20

Du quai des TUILERIES à SURESNES

STATIONS DESSERVIES

1. Tuileries	R.D.	8. Boulogne	R.D.
2. Concorde	R.D.	9. Saint-Cloud	R.G.
3. Passy	R.D.	10. Suresnes	R.G.
4. Auteuil	R.D.	11. Longchamp	R.D.
5. Billancourt	R.D.	(Les jours de courses et	
6. Bas-Meudon	R.D.	de revues.)	
7. Sèvres	R.D.		

PRIX DES PLACES .... { 20 c. Semaine.
{ 40 c. Dimanches et Fêtes.

De Saint-Cloud à Suresnes et réciproquement,
les Dimanches et Fêtes : 25 c.

SERVICES SPÉCIAUX
Pendant la durée de l'Exposition
1° SERVICE DE JOUR :

Du Pont National au Pont d'Iéna R. G. — ESCALES DES-
SERVIES: Austerlitz R. D. — Hôtel-de-Ville R. D. =
Louvre R. D. — Concorde R. D.

TARIFS : { Semaine............. 20 c.
{ Dimanches et Fêtes.. 25 c.

2° SERVICES DE NUIT :

I. — *De Paris-Trocadéro R. D. au Pont d'Austerlitz R. D.* —
ESCALES DESSERVIES : Toutes les stations du service ordinaire de la rive droite.

II. — *Du Pont d'Iéna R. G. au Pont d'Austerlitz R. G,* —
ESCALES DESSERVIES : Toutes les stations du service ordinaire de la rive gauche.

TARIFS : { Semaine............. 20 c.
{ Dimanches et Fêtes.. 25 c.

Les services de nuit fonctionneront après les derniers dé-
parts des services ordinaires et jusqu'à la fermeture de
l'Exposition.

Société de Navigation « LE TOURISTE »

Le Touriste. bateau-restaurant, faisant le service de Paris (Pont-
Royal) à Saint-Germain-en-Laye (Seine-et-Oise) Ce service a lieu
de Mai à Septembre. Départ du Pont-Royal tous les jours, sauf le
mardi, à 10 heures et demie du matin. — Départ de Saint-Germain
à 5 heures. Déjeuner et dîner à bord, à volonté.

PRIX DES PLACES : { Aller............. 3 francs.
{ Aller et Retour... 3 fr. 50

Tous les mardis, voyage à Corbeil.

IV. CE QU'IL FAUT VOIR

1. Monuments de Paris.

Rive Droite.

Place de l'Etoile. — **Arc-de-Triomphe.** — Monument élevé à la gloire de la Grande Armée. Magnifiques bas-reliefs et trophées. On y monte. OMNIBUS ET TRAMWAYS Y CONDUISANT: *Passy-Bourse. — Auteuil-Madeleine. — Villette-Trocadéro. — La Muette-Rue Taitbout. — La Villette-L'Etoile. — Porte - Maillot - Hôtel - de - Ville.*

Arc-de-Triomphe.

Etoile-Courbevoie. — Etoile-Palais-Royal. — Etoile-Gare-Montparnasse.

Arc des Tuileries. — Dernier vestige des Tuileries. Sur la place du Carrousel au Louvre. OMNIBUS Y CONDUISANT: *Tous les omnibus du Palais-Royal. — Grenelle-Porte-Saint-Martin. Batignolles-Clichy-Odéon. — Louvre-Porte de Versailles. — Montmartre-Saint-Germain-des-Prés.*

Bourse. — Construite de 1808 à 1828. Tous les jours de midi à 5 heures, spectacle très pittoresque du marché financier. OMNIBUS Y CONDUISANT : *Buttes-Chaumont-Palais-Royal.* — *Place Wagram-Bastille.* — *Batignolles-Clichy-Odéon.* — *Place Pigalle-Halle-aux-Vins.* — *Boulevard Montparnasse-Gare du Nord.* — *Passy-Bourse.*

Bourse du Commerce. — Rue du Louvre, à quelques pas de la Grande-Poste. Inaugurée en 1890. OMNIBUS Y CONDUISANT : *Boulevard Montparnasse-Gare du Nord.* — *Filles-du-Calvaire-Les Ternes.* — *Abattoirs de Vaugirard-les-Halles.*

Colonne Vendôme. — Construite avec le bronze des canons autrichiens pris en 1805, par Napoléon 1er. Hauteur 44 mètres. (Tous les omnibus passant par la rue de Rivoli, la rue du faubourg Saint-Honoré, et la place de l'Opéra.)

La Colonne de Juillet. — Hauteur 53 mètres 2. On y monte tous les jours. (Tous les omnibus de la Bastille.)

L'Obélisque. — Place de la Concorde. OMNIBUS Y CONDUISANT : *Gare du Nord-Place de l'Alma.* — *Louvre-Versailles.* — *Louvre-Saint-Cloud.* — *Hôtel-de-Ville-Porte-Maillot.* — *Louvre-Sèvres.* — *Passy-Hôtel-de-Ville.* — *Etoile-Palais-Royal.* — *Javel-Gare Saint-Lazare.* — *Courcelles-Panthéon.*

Porte Saint-Denis. — Datant de Louis XIV. OMNIBUS Y CONDUISANT : *Belleville-Louvre.* — *Madeleine-Bastille.* — *Grenelle-Porte-Saint-Martin* et tous les omnibus des Grands Boulevards.

Ces mêmes omnibus conduisent également à la **Porte Saint-Martin**, à deux minutes de la porte Saint-Denis.

La Tour Saint-Jacques. — On peut visiter tous les jours. La tour a 52 mètres de hauteur; elle est très pittoresque et renferme un observatoire et le service météorologique de la Ville de Paris.

Rive gauche.

Les ruines de la **Cour des Comptes**, incendiée pendant la Commune constituaient encore jusqu'en 1899, une des curiosités les plus étranges de Paris. Elles ont disparu pour faire place à la nouvelle gare d'Orléans.

Nous donnons pour nos lecteurs, à titre de réminiscence, une reproduction de ces ruines, telles qu'elles étaient avant leur démolition.

La Tour Eiffel, au Champ-de-Mars. Le clou de la dernière Exposition.

Monument du Lion de Belfort, élevé à la mémoire de la défense de cette ville, place Denfert-Rochereau.

2. Palais Nationaux. — Musées.

La Bibliothèque Nationale. — Rue de Richelieu, 58, que l'on doit considérablement agrandir. Ouverte au public les mardis et vendredis, de 11 heures à 4 heures. Magnifiques collections de médailles, de manuscrits, d'estampes et de cartes. Contenant plus de trois millions de volumes. Les autres jours de la semaine, on peut obtenir accès dans les salles de travail en demandant une carte au secrétariat.

OMNIBUS Y CONDUISANT : *Batignolles - Clichy-Odéon. — Carrefour des Feuillantines-Place Clichy*, ainsi que tous les omnibus passant place de la Bourse.

Chambre des Députés. — Au Palais-Bourbon, au bout du pont de la Concorde. On ne peut visiter que pendant les vacances parlementaires. Au cours des sessions, si l'on veut assister à une séance, il faut demander une carte à un député ou à la questure. Depuis peu, on n'est même plus admis dans le salon d'attente, si l'on ne peut justifier, au moyen d'une pièce

Colonne Vendôme (Page 37.)

écrite, qu'on y est appelé par un de nos *honorables.*

OMNIBUS ET TRAMWAYS Y CONDUISANT : Tous les omnibus passant place de la Concorde. *Porte-Saint-Martin-Grenelle. — Courcelles-Panthéon. — Gare du Nord-Place de l'Alma. — Bastille-Avenue Rapp. — Gare Saint-Lazare-Javel. — Gare de Lyon-Pont de l'Alma.*

Garde-Meuble National. — 108, quai d'Orsay. Magnifique collection de Meubles anciens. Très curieuse à voir.

Manufacture Nationale des Gobelins. — On peut visiter les mercredi et samedi de 1 heure à 3 heures.

Imprimerie Nationale. — Rue Vieille-du-Temple. Le transfert très prochain en est projeté. On peut visiter tous les jeudis à partir de 2 heures. Demander la permission au directeur.

Les Invalides. — Maison de retraite pour les militaires blessés et perclus. Les visiteurs sont admis tous les jours, sauf le dimanche, de 11 heures du matin à 5 heures du soir. Le Dôme, où se trouve le tombeau de Napoléon Ier, est ouvert tous les jours, de midi à quatre heures, sauf les mercredis et samedis.

Musée d'Artillerie. — Splendide musée comprenant les trophées militaires conquis par les armées françaises sur l'ennemi.

Musée de l'Armée. Très curieux, dans les Invalides, tous les deux.
OMNIBUS Y CONDUISANT : *Grenelle-Bastille.* — *Montrouge - Saint - Philippe - du - Roule.* — *Place de la République-Champ-de-Mars.* — *Vanves-Saint-Philippe-du-Roule.* — *L'Étoile-Gare Montparnasse.* — *Grenelle-Porte-Saint-Martin.*

Palais de la Légion-d'Honneur. — Rue de Solférino. On ne visite pas.

Palais du Louvre (Voir aux Musées, page 77). — Comprend, en dehors du musée, plusieurs grandes Administrations de l'Etat, dont le Ministère des Finances, le Ministère des Colonies et la Direction Générale des Douanes.
OMNIBUS Y CONDUISANT : *Hôtel-de-Ville-Porte-Maillot.* — *Hôtel-de-Ville-Passy.* — *Les Ternes-*

Filles-du-Calvaire. — Place Pigalle-Halle-aux-Vins. — Gare de Lyon-Saint-Philippe-du-Roule. — Boulevard Montparnasse-Gare du Nord. — Batignolles-Clichy-Odéon.

— Carrefour des Feuillantines-Place Clichy. — Gare Saint-Lazare-Place Saint-Michel. — Buttes - Chaumont - Palais - Royal ainsi que toutes les lignes de tramways de Sèvres, Saint - Cloud, Vincennes, Passy, Charenton, Versailles.

Les bateaux-omnibus, station du Pont -

Le Panthéon (Page 43.)

Royal y conduisent également.

Palais du Luxembourg. Le Sénat. — Rue de Vaugirard, près du boulevard Saint-Michel. Siège du Sénat depuis 1879. Comme pour la Chambre des Députés, on peut assister aux séances en demandant une carte d'entrée soit à la questure, soit à un sénateur. On ne visite la salle des séances que pendant les vacances parlementaires. Attenant au palais, se trouve le Petit-Luxembourg où habite le président du Sénat. Plus loin, le Musée du Luxembourg, le tout encadré par le magnifique Parc du Luxembourg.

C   IBUS Y CONDUISANT : *Batignolles-Clichy-Odéon. — Panthéon-Place de Courcelles. — Grenelle-Bastille. ~ Plaisance-Hôtel-de-Ville. — Carrefour des Feuillantines-Place Clichy.* — Le chemin de fer de *Sceaux* et le chemin de fer sur route *d'Arpajon, Rue de Médicis.*

L'Observatoire. — Avenue de l'Observatoire, derrière le Luxembourg. Très curieux et intéressant à visiter. S'adresser au concierge. L'Observatoire possède l'instrument astronomique le plus puissant du monde, après celui de Mount-Hamilton, aux Etats-Unis, et celui de l'observatoire de Nice.

OMNIBUS Y CONDUISANT : *Montmartre-Place Saint-Jacques. — Montrouge-Gare de l'Est. — Bastille-Gare Montparnasse.*

L'Observatoire de Montsouris, dans le Parc du même nom. Peu intéressant.

Académie Nationale de Musique ou Opéra, sur la place du même nom.

OMNIBUS Y CONDUISANT : *Madeleine-Bastille. — Place Wagram-Bastille. — Passy-Bourse. — Jardin-des-Plantes-Batignolles. — Gare Saint-Lazare-Place Saint-Michel. — Saint-Denis-Opéra. — La Muette-Rue Taitbout. — Rue Taitbout-Gare du Trocadéro.*

Palais de Justice et Conciergerie. — Boulevard du Palais, en l'Ile de la Cité. Très intéressant à voir. Visiter l'intérieur de **La Sainte-Chapelle**. En face se trouvent :

La Préfecture de Police et Le Tribunal de Commerce.

OMNIBUS Y CONDUISANT : *Plaisance-Hôtel-de-Ville. — Montmartre-Place Saint-Jacques. — Place Saint-Michel-Gare Saint-Lazare. — Montrouge-Gare de l'Est. — Porte-d'Ivry-les Halles. — Square Monge-La Chapelle.*

Le Palais-Royal et son jardin. — Place du Palais-Royal. Comprenant la Direction des Beaux-Arts, la Cour des Comptes, le Conseil d'Etat, etc.

Place de la Concorde, l'obélisque, la Madeleine (Page 37.)

Jolie promenade; magnifiques magasins dans les galeries.

Pour les omnibus y conduisant, voir Le Louvre.

Le Panthéon. — Rue Soufflot. Ancienne église renfermant les cendres de Voltaire, Rousseau, Lagrange, Victor Hugo, Lazare et Sadi Carnot, Marceau, Bougainville, La Tour d'Auvergne et Soufflot. Ce dernier fut l'architecte de l'édifice.

Omnibus y conduisant : *Place de Courcelles-Panthéon. — Montmartre-Place Saint-Jacques.* — Tous les tramways du boulevard Saint-Michel et le Chemin de fer de *Sceaux* et d'*Arpajon.*

La Sorbonne. — Rue des Ecoles. S'adresser au concierge pour visiter ce monument qui n'est autre que l'Académie de Paris. Visite très intéressante que l'on peut faire en même temps que celle du Musée de Cluny.

Omnibus y conduisant : *Montrouge-Gare de l'Est. — Bastille-Porte-Rapp. — La Chapelle-Square Monge. — Montmartre-Place Saint-Jac-*

ques, — *Grenelle-Bastille.* — *Porte-d'Ivry-Les Halles.* — *Pont de l'Alma-Gare de Lyon.*

Le Trocadéro. — *(Voir la partie traitant exclusivement de l'Exposition Universelle.)*

3. Monuments remarquables au point de vue architectural.

L'Hôtel de Ville. — Sur la place du même nom. On peut visiter quatre fois par semaine, les mardi, jeudi, samedi, de 2 à 3 heures et le vendredi de midi à 3 heures, en demandant la permission à la direction des travaux.

Omnibus y conduisant : *Hôtel-de-Ville-Porte-Maillot.* — *Bastille-Grenelle.* — *Hôtel-de-Ville-Plaisance.* — *Gare de Lyon-Saint-Philippe-du-Roule.* — *Gare d'Orléans-Square Montholon.* — *Vincennes-Louvre.* — *Le Louvre-Charenton.* — *Quai de Valmy-Champs-de-Mars*, ainsi que les bateaux-omnibus et les lignes desservant la place du Châtelet.

Le Palais de l'Élysée. — Siège du chef de l'Etat, rue du Faubourg-Saint-Honoré. *On ne peut pas le visiter.*

La Banque de France. — Rue Croix-des-Petits-Champs, 39. On peut visiter en demandant l'autorisation au gouverneur. La Banque contient en numéraire plus de trois milliards dans ses souterrains.

Omnibus y conduisant : *Buttes-Chaumont-Palais-Royal.* — *Place Pigalle-Halle-aux-vins.* — *Place Wagram-Bastille,* — *Boulevard Montparnasse-Gare du Nord.* — *Le Louvre-Belleville.* — *Gare de Lyon.* — *Place des Victoires.*

Le Crédit Lyonnais. — Sur le boulevard des Italiens.

Porte Saint-Denis (Page 37.)

L'Hôtel des Postes et Télégraphes. — Rue du Louvre. Bâtisse lourde et disgracieuse, ayant coûté plus de 17 millions.

Les Halles Centrales. — Rue du Pont-Neuf et rue Montmartre. Curieux spectacle le matin de bonne heure.

Le Palais de la New-York. — Compagnie d'assurances sur la vie. Boulevard des Italiens.

4. Eglises et Temples.

Paris compte en tout soixante-dix-huit églises catholiques, dont la dernière, non achevée encore, le *Sacré-Cœur* n'est pas la moins intéressante.

Nous énoncerons brièvement les églises où il y a quelque chose d'intéressant à voir, soit au point de vue artistique, soit au point de vue architectural et historique.

Avant tout,

Notre-Dame. — Mérite une visite. Elle est située place du Parvis. C'est la cathédrale de Paris. Il y a beaucoup de choses très intéressantes à y voir, surtout le trésor, que l'on peut visiter, moyennant le versement de 50 centimes, tous les jours, sauf le dimanche, de 10 heures du matin à 4 heures.

On peut monter dans les tours : prix 20 centimes
à payer au gardien.

De l'église du Sacré-Cœur, à Montmartre, on

Notre-Dame (Page 45.)

jouit d'une vue splendide sur Paris. Le monument
en lui-même est très intéressant au point de vue
architectural.

La Madeleine. — Sur la place du même nom, en tête des grands boulevards et de la rue Royale, est un joli monument. Très belles portes. Il y a très peu à voir à l'intérieur, à part un joli tableau de Zeigler.

Notre-Dame-de-Lorette. Rue de ce nom. — Beaucoup de peintures par Coutan.

Notre-Dame-des-Victoires. Rue de ce nom. — Pèlerinage très fréquenté. Jolis tableaux et sacristie remarquable.

Saint-Augustin. — A l'intersection des boulevards Haussmann et Malesherbes, est un chef-d'œuvre d'architecture. Voir les jolies statues de Carrier-Belleuse.

Saint-Germain-des-Prés. — Boulevard Saint-Germain, rues Bonaparte et de Rennes. Une des plus anciennes églises de Paris, possédant de belles peintures murales.

Renferme les cendres de Descartes et de Massillon, et possède un joli monument à la mémoire de Casimir, roi de Pologne.

Saint-Germain-l'Auxerrois. — Place du Louvre. Très vieille église. C'est de son clocher que partit le tocsin qui donna le signal du massacre des protestants dans la nuit de la Saint-Barthélémy, du 24 au 25 août 1572.

Saint-Sulpice. — Place du même nom, près le Luxembourg. Belles peintures. Assez belle architecture.

La Trinité. — Monument de bel aspect, élégante architecture, se trouve situé au-dessus du square du même nom, au bout de la Chaussée-d'Antin, entre les rues de Châteaudun et Saint-Lazare.

Le Val-de-Grâce. — Rue Saint-Jacques. Contient le tombeau de Henriette de France, hôpital militaire.

Peu d'églises de Paris, en dehors de celles mentionnées ci-dessus, présentent suffisamment d'intérêt pour que nous recommandions à nos lecteurs de les visiter. Les seules que l'on ne devrait pas négliger de voir sont : **Notre-Dame** et le **Sacré-Cœur.**

Il existe également à Paris une multitude de temples et d'églises de cultes différents. Les deux seuls qui nous paraissent dignes d'attention sont l'**Eglise Russe** de la rue Daru, près de la place de l'Etoile, avec son beau dôme doré et le temple réformé de l'**Oratoire**, rue de Rivoli, avec entrée par la rue Saint-Honoré. Du côté de la rue de Rivoli, dans un jardinet, on peut voir une très belle statue en marbre de Gaspard de Coligny. L'Oratoire possède de remarquables caveaux que l'on peut visiter, avec une autorisation spéciale du président du Consistoire réformé de Paris.

5. Fontaines monumentales.

Paris possède de nombreuses fontaines monumentales, dont les plus remarquables sont :

La Fontaine Médicis, dans le jardin du Luxembourg.

La Fontaine Saint-Michel, sur la place du même nom.

La Fontaine Molière, à l'angle des rues de Richelieu et Molière, entre la Bibliothèque Nationale et le Palais-Royal.

La Fontaine Saint-Sulpice, en face de l'église du même nom.

La Fontaine Notre-Dame, dans le square de ce nom.

La Fontaine Cuvier à l'intersection des rues Linné et Cuvier.

La Fontaine Gaillon, au carrefour Gaillon, près de l'avenue de l'Opéra.

La Fontaine des Innocents, remarquable par ses sculptures, dans le square du même nom.

La Fontaine de l'Observatoire, à l'extrémité du jardin du Luxembourg.

La Fontaine du Châtelet, sur la place du Châtelet.

Vis-à-vis de la Bibliothèque Nationale, il y a le square Louvois où se trouve également une fontaine artistique supportant quatre belles figures.

La fontaine de la rue de Grenelle fait aussi l'admiration des visiteurs.

6. Hôpitaux et cimetières.

Il y a à Paris 28 grands hôpitaux, dépendant en majeure partie de l'Assistance publique. Quelques-uns sont remarquables. Parmi ceux-ci, il faudrait citer en première ligne l'Hôtel-Dieu, sur la place du Parvis-Notre-Dame.

Bicêtre, Sainte-Anne, La Salpêtrière sont des maisons de santé qui jouissent d'une réputation universelle. On peut en recommander la visite aux personnes qui ont les nerfs solides. On y soigne surtout les aliénés, les hystériques c. les infortunés atteints d'idiotie.

La Maternité, avec la **Clinique Baudelocque** y attenant, rue d'Assas, constitue un établissement unique en son genre. C'est une maison d'accouchement modèle, qui rend d'immenses services à la population parisienne.

Il n'y a que quelques années que la Ville de Paris a fait, à l'extérieur des fortifications, l'acquisition d'immenses terrains pour y installer des *cimetières*. On n'enterre presque plus à Paris même, si ce n'est au Père-La-Chaise.

Les cimetières *intra-muros* de Paris sont : les cimetières de **Montmartre, Montparnasse, Le Père-La-Chaise.**

Les cimetières *extra-muros* sont ceux de Saint-Ouen, de Pantin, d'Aubervilliers et de Bagneux.

Parmi tous ces *champs de repos*, il n'y en a qu'un seul dont on puisse recommander la visite : celui du Père-Lachaise, qui renferme les tombeaux d'un très grand nombre de célébrités politiques, littéraires, militaires et artistiques. Dans les cimetières de Montmartre et Montparnasse, il existe également quelques tombeaux d'hommes célèbres, mais en petit nombre.

7. Établissements universitaires et collèges nationaux.

Collège de France. — Rue des Ecoles. (S'adresser au concierge pour visiter.)

Académie Française. — (Voir Institut.)

Institut de France. — Comprenant les cinq Académies. A l'extrémité du pont des Arts, sur la rive gauche, en face le musée du Louvre. Intéressant à visiter. Magnifique bibliothèque.

Ecole d'Architecture. — 130, boulevard Montparnasse.

Ecole des Beaux-Arts. — 13, rue Bonaparte.

Ecole Centrale, pour les ingénieurs. — 1, rue Montgolfier.

Ecole des Arts-déco-

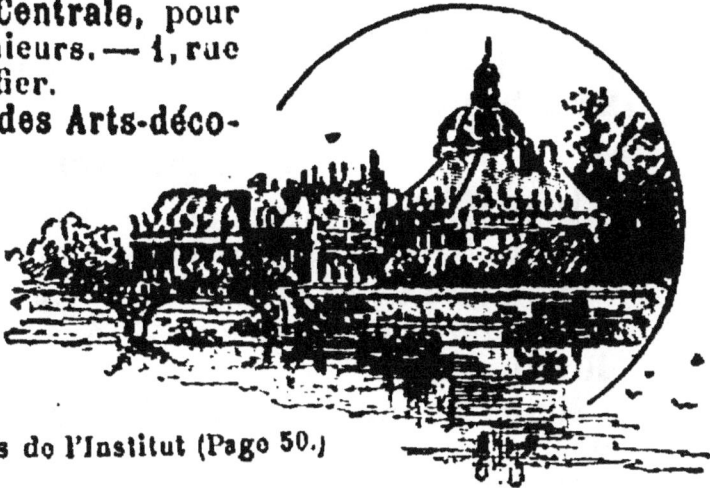

Palais de l'Institut (Page 50.)

ratifs. — 5, rue de l'Ecole-de-Médecine.

Ecole des Chartes. — Rue des Francs-Bourgeois.

Ecole coloniale. — 2, avenue de l'Observatoire.

Ecole de Droit. — l'levée par Soufflot, 8, place du Panthéon.

Ecole de Médecine. - 15, rue de l'Ecole-de-Médecine. Très intéressante à visiter.

Ecole Militaire. — A l'extrémité du Champ-de-Mars. Le public n'est pas admis.

Ecole Polytechnique. — 2 1, rue Descartes. On peut visiter après avoir obtenu la permission du Ministre de la Guerre ou du Commandant de l'Ecole.

Ecole des Ponts et Chaussées. — 28, rue des Saints-Pères.

Ecole des Mines. — 60, boulevard Saint-Michel. Visite très intéressante et des plus instructives.

Institut des Jeunes Aveugles. — 56, boulevard

des Invalides. Visite très instructive et très intéressante. Demander l'autorisation au Directeur.

Institution des Sourds-Muets. — 254, rue Saint-Jacques. On peut visiter après avoir obtenu l'autorisation du directeur, tous les samedis, de 2 à 5 heures.

8. Les Ministères.

Ministère de l'Intérieur. — Place Beauvau et rue des Saussayes (faubourg Saint-Honoré).

Ministère de la Justice. — Place Vendôme.

Ministère des Finances. — Au Louvre, rue de Rivoli.

Ministère des Affaires étrangères. — Quai d'Orsay.

Ministère de la Guerre. — 231, boulevard Saint-Germain.

Ministère du Commerce et de l'Industrie. — 101, rue de Grenelle et 80, rue de Varenne.

Ministère des Colonies. — Au pavillon de Flore, jardin des Tuileries.

Ministère de l'Instruction publique. — 110, rue de Grenelle-Saint-Germain.

Ministère de l'Agriculture. — 224, boulevard Saint-Germain et 78, rue de Varenne.

Ministère des Travaux publics. — Boulevard Saint-Germain, 244, 246 et 248.

Ministère de la Marine. — Angle de la rue Royale et de la place de la Concorde. Architecture remarquable.

9. Ambassades et Consulats.

Europe.

Allemagne : 78, rue de Lille. — *Angleterre :* 39, rue du Faubourg-Saint-Honoré. — *Autriche-Hongrie :* 57, rue de Varenne. Consulat : 21, rue Laffitte. — *Barière :* 110, rue de l'Université. — *Belgique :* 38, rue du Colisée. — *Danemark :* 27, rue Pierre-Charron. Consulat : 39, Bd. Hausmann. — *Espagne :* 34 et 36, boulevard de Courcelles. Consulat : 6, rue Bizet. — *Grèce :* 18, rue Clément-Marot. — *Italie :* 73, rue de Grenelle. — *Luxembourg :* Légation : 50, rue Saint-Lazare. Consulat : 38, rue du Colisée.—*Monaco :* 8, rue Lavoisier.—*Pays-Bas :* 6, Villa Michon (rue Boissière, 29). — *Portugal :* 38, rue de Lubeck. — *Roumanie :* 25, rue Bizet. — *Russie :* 79, rue de Grenelle-Saint-Germain. — *Serbie :* Légation : 19, rue Freycinet. Consulat : 66, Chaussée-d'Antin. — *Suède et Norvège :* Légation : 58, av. d'Iéna. Consulat : 14, rue d'Athènes. — *Suisse :* 15 bis, rue de Marignan. — *Turquie :* 10, rue de Presbourg. Consulat : 3, rue La Pérouse. — *La Nonciature* se trouve 11 bis, rue Legendre.

Amérique.

Argentine (République) : Légation : 9, rue Alfred-de-Vigny. Consulat : 18, avenue Kléber. — *Bolivie :* 8, rue du Général Foy. — *Brésil :* Légation : 47, rue de Lisbonne. Consulat : 23, rue des Mathurins. — *Chili :* Légation : 18, r. Pierre-Charron. — Consulat : 49, rue Caumartin. — *Colombie :* Légation : 20, av. Kléber. Consulat : 6, cité Rougemont. — *Costa-Rica :* Légation : 53, av. Montaigne. Consulat : 14, rue des Messageries. — *Dominicaine* (République) : 9, cité d'Hauteville. — *Équateur :* 2, rue Pigalle. — *États-Unis d'Amérique :* Légation : 18, av. Kléber. Consulat : 36, avenue de l'Opéra. — *Guatémala :* Légation : 57, avenue Kléber. Consulat : 47, rue Hamelin. — *Haïti :* 42, avenue de Wagram — *Mexique :* Légation : 5, rue Alfred-de-Vigny. Consulat : 5, rue Bourdaloue. — *Pérou :* Légation : 17, rue de Téhéran. Consulat : 7, rue de la Pépinière. — *Salvador :* Légation : 3, rue Boccador. Consulat : 49, rue de Rivoli. — *Uruguay :* 1 bis, rue d'Offémont. — *Vénézuela :* Consulat : 9, rue Freycinet.

Asie.

Chine : 4, avenue Hoche. — *Japon :* 75, avenue Marceau. — *Perse :* Légation : 1, place d'Iéna. Consulat : 2, avenue Vélasquez. *Siam :* 14, rue Pierre-Charron.

Afrique.

Libéria (République) : 1, rue de Provence. — *Orange* (République) : 3 bis, rue Labruyère. — *Transval.* 3, place Vendôme.

Généralement les bureaux sont ouverts de 1 heure à 3 heures (se renseigner).

V. CE QU'IL FAUT VOIR
à Temps perdu

---

1 Établissements divers

La Monnaie. — Quai Conti. Prendre l'omnibus *Maine-Gare du Nord*. On peut visiter, avec l'autorisation préalablement demandée au directeur, tous les mardis et vendredis de midi à trois heures. Curieux musée numismatique.

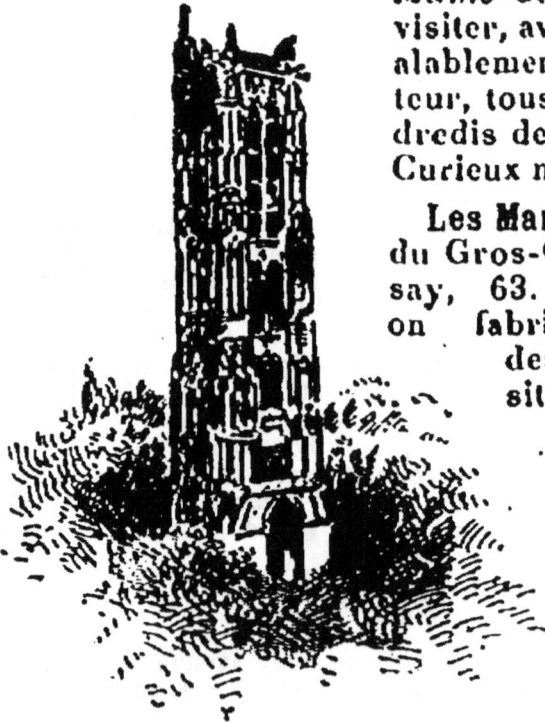

Les Manufactures de Tabac du Gros-Caillou, quai d'Orsay, 63. Dans la première, on fabrique exclusivement des cigares. Les visiteurs munis d'un permis du directeur sont admis tous les jeudis de 10 heures à midi et de 2 à 4 heures.

L'Hôtel des Ventes ou Hôtel Drouot, — Rue Drouot, Mobiliers et objets d'occasion. Vente de 2 h. à 5 h.

Tour Saint-Jacques (Page 38.)

Le Marché du Temple. — Rue du Temple, bâti sur l'emplacement de l'ancienne prison du même nom. Vente d'objets d'occasion. Petit carreau le matin.

Le Mont-de-Piété. — Rues des Francs-Bourgeois et de Rennes.

La Morgue. — Lieu d'exposition dés individus trouvés sans vie. Horrible vision funèbre. La morgue se trouve derrière Notre-Dame ; elle est ouverte tous les jours.

2. Les Grands Magasins.

Le Louvre, rue de Rivoli.
Le Bon Marché, rue de Sèvres.
Le Printemps, boulevard Haussmann.
La Samaritaine, rue du Pont-Neuf.
Belle Jardinière, rue du Pont-Neuf.
Place Clichy, place du même nom.
L'Établissement Dufayel. — Boulevard Barbès.
Grands Bazars Réunis (Société française des), (anciennement La Ménagère), boulevard Bonne-Nouvelle.
Bazar de l'Hôtel-de-Ville, rue de Rivoli.

3. Paris souterrain.

Les Catacombes. — Ouvertes au public toute l'année les 1er et 3e *samedi* de chaque mois. Pendant la durée de l'Exposition, il sera très probablement décidé de faciliter l'accès au public en doublant ou en triplant les jours d'admission. *Se renseigner* à ce sujet. Au moment de mettre sous presse, aucune décision n'avait encore été prise à ce sujet. Il faut demander par écrit le permis de visiter à M. l'Ingénieur en chef des Travaux de Paris, à l'Hôtel de Ville. En général, ces permis sont valables pour cinq personnes. L'entrée se trouve *Place Denfert-Rochereau* à côté du bureau des Ponts et Chaussées. La sortie donne sur la rue Dareau. Avoir soin de se munir de bougies. La visite dure en moyenne 45 minutes. Il faut voir cela pour s'en rendre un compte exact.

Les Catacombes sont d'anciennes carrières transformées en ossuaires. On y rencontre de curieuses et antiques inscriptions, des sarcophages, des calvaires, etc.

OMNIBUS Y CONDUISANT : *Montrouge-Gare de l'Est. — Gare de Sceaux-Place de la Nation. — Saint-Germain-des-Prés-Fontenay-aux-Roses.*

4. Ponts de Paris.

La rive gauche de la Seine est reliée à la rive droite par 30 ponts, dont quelques-uns sont des chefs-d'œuvre. Le dernier pont construit est le *Pont Alexandre III,* dont la première pierre a été posée par le Tsar Nicolas II, lors de sa visite à Paris en 1897.

Voici à titre purement documentaire la nomenclature de ces ponts : Le *Pont d'Auteuil,* double ; le *Pont de Grenelle,* portant une réduction de la statue de la Liberté éclairant le monde, par Bartholdi, conduit de Passy à Grenelle. Le *Pont Mirabeau,* conduisant de Grenelle à Auteuil, de construction toute récente (1895). Le *Pont de Passy,* livré à la circulation des piétons seulement. Le *Pont d'Iéna.* Le *Pont de l'Alma* conduit de la place de l'Alma à l'avenue de la Bourdonnais. Le *Pont des Invalides.* Le *Pont Alexandre III.* Le *Pont de la Concorde,* conduisant des Champs-Elysées au Palais-Bourbon et au quai d'Orsay. Le *Pont de Solférino;* le *Pont Royal,* le *Pont des Saints-Pères,* de la place du Carrousel au quai Voltaire. Le *Pont des Arts,* reliant le Louvre à l'Institut de France.

Le *Pont-Neuf* avec une statue équestre de

Henri IV; le *Pont Saint-Michel*; le *Petit Pont*; le
Pont au Double; le *Pont au Change*; le *Pont
Notre-Dame*; le *Pont d'Arcole*; le *Pont de l'Archevéché*; le *Pont Saint-Louis*: le *Pont Louis-
Philippe*; les *Ponts Marie et des Tournelles*, reliant l'île Saint-Louis aux deux rives de la Seine ;
le *Pont Sully*, de construction récente; le *Pont
d'Austerlitz* récemment élargi; le *Pont de Bercy*;
le *Pont de Tolbiac* récent; et le *Pont National*, à
la Porte de Bercy, également de construction
récente.

5. Promenades publiques.

Paris est la
ville d'Euro-
pe qui compte
le plus de
statues éle-
vées à la mé-
moire des
hommes célè-
bres et le plus
grand nom-
bre de *squa-
res* ou jardins
publics.

En dehors
des grandes
promenades
publiques, la

Hôtel des Invalides (Page 40.)

Ville Lumière possède exactement vingt-huit
grands *squares* bien ombragés, où, après la
classe, les enfants vont prendre leurs joyeux
ébats.

Dans quelques-uns de ces squares, les musiques militaires jouent certains jours de la semaine.

Nous nous abstiendrons de donner ici à nos lecteurs l'énumération fastidieuse de tous les squares de la capitale. En les rencontrant sur leur chemin, ils pourront les admirer ou y goûter quelques instants de repos à l'ombre de leur épais feuillage.

Bornons-nous à indiquer ceux qui, sur leur beauté ou par quelque particularité, méritent une mention spéciale et, si possible, une visite.

Laissons de côté les **Champs-Elysées** et le **Champ-de-Mars**. Quiconque vient à Paris est forcé de s'y rendre. Il est regrettable cependant, que les travaux de l'Exposition Universelle, nécessitant une transformation importante, aient enlevé à ces deux coins de Paris une partie de leur charme et de leur pittoresque.

Parmi les squares, le plus charmant et le plus agréable est sans contredit le **Square des Batignolles**. Il se trouve dans une situation assez élevée, à une dizaine de minutes de la gare Saint-Lazare. Pour s'y rendre, on peut prendre l'omnibus de *Batignolles-Jardin-des-Plantes*.

Vient ensuite le **Square de la Chapelle expiatoire**; près la gare Saint-Lazare, sur le boulevard Haussmann. Au centre, se trouve la chapelle érigée en souvenir de la mort tragique de Louis XVI.

Le **Square d'Anvers**, sur le boulevard Rochechouart (extérieur); le **Square de la Trinité**; le **Square Montholon** dans la rue Lafayette, entre le faubourg Poissonnière et le faubourg Montmartre, sont peuplés de statues.

Le **Square des Invalides** se trouve auprès de la maison de retraite de ce nom.

Le **Square Saint-Jacques** est particulièrement

intéressant en raison de sa tour et de ses massifs.

6. Les Parcs.

Paris possède, en tant que ville, incontestablement les plus jolis parcs d'Europe. Nous ne les citerons que pour mémoire :

Parc des Buttes-Chaumont. — Dans le quartier du Pont-de-Flandre.

Elevé sur l'emplacement des anciennes carrières d'Amérique, ce parc qui couvre une superficie de 24 hectares environ, est tout ce que l'on peut rêver de plus pittoresque. On ne saurait éprouver de regret de l'avoir visité, malgré son éloignement du centre de Paris. On y voit une haute falaise, avec un escalier et des stalactites, surmontée d'un petit temple, dit de la Sybille ; un labyrinthe ; un pont suspendu jeté sur un lac, minuscule, mais riant et ombragé.

Autrefois, le gibet de Montfaucon se trouvait en cet endroit. Les Alliés y livrèrent, en 1814, la bataille de Paris, splendide panorama des hauteurs.

Omnibus et Tramways qu'il faut prendre : *Louvre-Lac Saint-Fargeau. — Palais Royal-Buttes Chaumont. — Opéra-Pantin. — Place de la République-Saint Gervais. — Saint-Augustin-Cours de Vincennes.*

Le Parc Montsouris. — Situé avenue Reille, couvre une surface d'un peu plus de quinze hectares. Il a été achevé en 1878 seulement. Ce parc, qui est ouvert tous les jours de 6 heures du matin à la tombée de la nuit, est fort apprécié pour ses frais ombrages.

De nombreux groupes en marbre émergent des bosquets et des clairières. On y voit un joli monument élevé à la mémoire de la mission Flatters.

Le Parc Montsouris, qui est traversé dans toute sa longueur par le Chemin de fer de Sceaux, con-

Palais do Justice (Page 42.)

tient également un pavillon d'Agriculture et d'Insectologie.

Pour s'y rendre, on peut prendre de préférence l'omnibus *Place de la République-Montsouris.*

Le Parc Monceau. — L'un des plus jolis, quoique des moins grands. Entrée par le boulevard Malesherbes et le boulevard de Courcelles.

Tous les omnibus de *La Villette à l'Etoile* y conduisent, de même que les tramways de *la Madeleine à Courbevoie, Neuilly et Levallois-Perret.*

7. Les Jardins.

Le Jardin des Plantes. — Sur la rive gauche. Entrée par le quai Saint-Bernard. A l'origine, ce n'était qu'un simple jardin botanique, créé par un médecin de Louis XIII.

Buffon y installa des collections zoologiques qui prirent bientôt une grande importance et eurent pour résultat final la fondation du Muséum d'histoire naturelle.

Il existait à Versailles une ménagerie royale. En 1794, on transféra les animaux au Jardin des Plantes qui devint, du coup, un jardin zoologique, qui ne cessa de se développer.

On peut voir les animaux tous les jours à partir de 11 heures du matin. Cette visite est des plus intéressantes.

Les jeudis et les dimanches, de 11 heures du matin à 4 heures du soir, le public est admis à visiter la GRANDE ROTONDE, ROTONDE DES SINGES, GALERIE DES ANIMAUX FÉROCES, ainsi que celle DES REPTILES.

Les galeries, ménageries et serres, sont ouvertes au public tous les samedis, mardis et vendredis de 11 heures du matin à 4 heures du soir avec des billets que l'Administration accorde avec la plus grande facilité.

S'adresser, pour visiter, près du labyrinthe.

Pour se rendre au Jardin des Plantes, on peut prendre les moyens de transport suivants :

OMNIBUS. *Batignolles-Jardin-des-Plantes.* — *Notre-Dame-de-Lorette-Boulevard Saint-Marcel.* — *Charonne-Place d'Italie.* — *Place de la Nation-Place Valhubert.* — *Gare d'Orléans-Square Montholon.* — *Bastille-Porte-d'Ivry,* — *Montparnasse-Place de la Bastille.*

Le Jardin d'Acclimatation. — Au Bois-de-Boulogne. Entrée par la Porte-Maillot, près de l'Arc-de-Triomphe.

Le Jardin d'Acclimatation offre aux visiteurs des attractions aussi nombreuses que variées.

Cette étendue de terrain de vingt à vingt-deux hectares est affermée par la Ville de Paris à une Société qui l'exploite fort intelligemment.

Les amateurs peuvent monter en ballon captif.

On parcourt un parc très vaste où l'on rencontre à chaque pas des curiosités telles que de splendides serres, des animaux rares, un très bel aquarium. Le Jardin d'Acclimatation est traversé par une petite rivière sur les bords de laquelle on peut voir s'ébattre toutes sortes de volatiles palmipèdes. Comme au Jardin des Plantes, il y a une cage aux singes, un chenil et une rotonde à perroquets. Tous les jeudis et les dimanches, et pendant la bonne saison quotidiennement, des concerts ont lieu de 4 à 5 heures, soit dans la salle de Concert, soit en plein air. Le prix d'entrée est fixé à 1 franc en semaine et à 0 fr. 50 les dimanches et fêtes.

OMNIBUS Y CONDUISANT : *Hôtel-de-Ville-Porte-Maillot. — La Madeleine-Courbevoie. — Les voitures qui s'arrêtent à l'Etoile (descendre l'avenue de la Grande-Armée). Chemin de fer de Ceinture : station de l'avenue du Bois-de-Boulogne ou de la Porte-Maillot. A la Porte-Maillot, service d'omnibus légers pour le Jardin. Prix : 0 fr. 20.*

Jardin du Luxembourg, (voir) Palais du Luxembourg. — C'est un site merveilleux orné de jolies statues et de belles fontaines. Chaque jour un public considérable s'y presse ; musique militaire pendant l'époque des concerts.

Le Jardin a été dessiné par Jacques De-
brosse ; il forme d'admirables quinconces, renferme des bassins, des kiosques, des parterres
fleuris, et on peut y voir une splendide terrasse
ombragée.

Le Jardin des Tuileries. — Partant de l'emplacement de l'ancien château impérial incendié en
1871. Le dernier carré n'a été terminé qu'en 1895.
Et sur cet emplacement, on peut admirer de nombreuses statues, de grande valeur artistique.

L'ancien Jardin des Tuileries s'étend de la Place
du Carrousel jusqu'à la place de la Concorde. Il
longe la rue de Rivoli, dont il est séparé par une
grille longue de six cents mètres.

Aussi bien dessiné qu'entretenu, il offre un
charme rare aux promeneurs y passant les longues
après-midi des belles journées ; il évoque de
nombreux souvenirs historiques.

Sur l'emplacement de la terrasse située au nord,
et qui porte le nom des FEUILLANTS, se trouvait
le siège du fameux club révolutionnaire de 1793.
Tout à côté existait, comme l'indique une inscription apposée au grillage de la rue de Rivoli la
Salle du Manège : C'est là que siégèrent tour à
tour l'*Assemblée Constituante*, l'*Assemblée légis-
lative* et la *Convention Nationale* de 1792 à 1795.

On peut traverser le Jardin des Tuileries pour
se rendre à l'Exposition.

Du côté de la place de la Concorde, se trouve
un large et spacieux bassin où les écoliers font
évoluer de minuscules voiliers et des petits vapeurs
mécaniques.

La musique militaire joue plusieurs fois par
semaine dans ce jardin qui, grâce à sa situation
privilégiée, jouit d'une grande faveur auprès de
la population parisienne. On y entend souvent la

musique si justement célèbre de la Garde répu-
blicaiue.

La Conciergerie (Page 42.)

VI· DIVERTISSEMENTS

1· THÉATRES

Opéra (Théâtre National). — Place de l'Opéra (téléphone 231.53.) 2200 places.

Prix des places. — Premières loges: 17 fr. Premières loges de côté, baignoires, avant-scènes, amphithéâtre : 15 fr. Baignoires Fauteuils d'orchestre, deuxièmes loges : 14 fr. Deuxièmes loges de côté: 10 fr. Parterre: 7 fr. Troisièmes loges : 8 fr. De côté et d'avant-scène : 5 fr. Amphithéâtre et quatrièmes loges face : 3 fr. De côté, stalles d'amphithéâtre, de côté et cinquièmes loges : 2 fr. *En location : 2 et 1 fr. en sus.*

Comédie-Française (Théâtre National). — Rue de Richelieu 2, 4 et 6. *Incendié le 8 mars 1900.* Voir Théâtre de l'Odéon.

Opéra-Comique (Théâtre National). — Place Boïeldieu (téléphone 105.76), Tous les soirs, chant.

Prix des places. — Avant-scènes rez-de-chaussée, de balcon, loges de balcon et fauteuils premier rang : 10 fr. De deuxième et troisième rang, d'orchestre, baignoires : 8 fr. Avant-scène des deuxièmes et troisièmes loges de face : 6 fr. De côté : 5 fr. Fauteuils troisième galerie : 4 et 3 fr. 50. Places diverses : 3, 2 et 1 fr. *En location : 2 et 1 fr. en sus.* (1600 places).

Odéon (Théâtre National). — Place de l'Odéon (téléphone 811.43). Tous les soirs. Genre classique. 1467 places.

Provisoirement la Comédie-Française y donne ses représentations.

(Voir Théâtre du Gymnase pour les représentations de la troupe de l'Odéon.)

5

Châtelet. — Place du Châtelet (téléphone 102.87). Tous les soirs. Pièces à grand spectacle.

L'Opéra (Page 42 et 65.)

Prix des places. — Rez-de-chaussée. — Baignoires quatre places : 30 fr. Fauteuils d'orchestre (première série) : 8 fr. De deuxième série : 6 fr. Stalles, parterre : 3 fr. Premier étage. — Loges de huit places 60 fr. De six places : 45 fr. Fauteuils balcon (premier rang) : 8 fr. Autres rangs : 7 fr. Deuxième étage. — Fauteuils, galerie (premier rang) : 5 fr. Autres rangs : 4 fr. Troisième étage. — Stalles, premier amphithéâtre : 3 fr. Quatrième étage. — Deuxième amphithéâtre : 2 fr. 50. — Troisième amphithéâtre : 1 fr. 50. *En location : 2 et 1 fr. en sus.*

Porte-Saint-Martin. — Boulevard Saint-Martin, 18 (téléphone 266.97). Tous les soirs.

Prix des places. — Avant-scènes de réz-de-chaussée : 10 fr. Fauteuils d'orchestre : 8 fr Fauteuils de balcon : 10 et 8 fr. Baignoires : 10 fr. Amphithéâtre : 1 fr.

Gaîté. — Square des Arts-et-Métiers (téléphone 129.09). Tous les soirs. 2000 places.

Prix des places. — Avant-scènes de rez-de-chaussée et de première galerie : 10 fr. Loges de première galerie : 8 fr. Fauteuils d'orchestre : 7 fr. Avant-scènes de deuxième galerie, loges et fauteuils : 5 fr. Places diverses : 4, 3, 2 et 1 fr.

Vaudeville. — Boulevard des Capucines, 2 (téléphone 102.09). Tous les soirs. 1300 places.

Prix des places. — En location. Avant-scènes 15 fr. Loges, fauteuils de balcon et d'orchestre : 10 fr. Loges de foyer, avant-scènes et troisièmes loges : 6, 5 et 4 fr. Places diverses : 2 et 1 fr.

Gymnase. — Boulevard Bonne-Nouvelle, 38 (téléphone 102.65). Tous les soirs. 1100 places.

Provisoir ment la troupe du Théâtre de l'Odéon y donne ses représentations.

Ambigu-Comique. — Boulevard Saint-Martin téléphone 266.88). Tous les soirs. 1400 places.

Prix des places. — Avant-scènes : 9 fr. Baignoires, premières loges, fauteuils de balcon : 8, 6 et 4 fr. D'orchestre : 7, 6 et 5 fr. Fauteuils et loges de foyer, avant-scènes : 4 et 3 fr. Place diverses : 2 et 1 fr.

Théâtre Sarah-Bernhardt. — Place du Châtelet (téléphone 105.76). Tous les soirs. 1300 places.

Prix des places. — Avant-scènes, baignoires et fauteuils de balcon : 15 et 12 fr. D'orchestre : 10 fr. De première galerie et loges : 8 et 7 fr. Fauteuils de deuxième galerie et avant-scènes : 5 et 4 fr. Places diverses : 3 fr. 50, 2 fr. 50 et 1 fr.

Variétés. — Boulevard Montmartre, 7 (téléphone 109.92). 1250 places.

Prix des places. — Par loges de 6, 5 et 4 places, prix variant de 50, 48, 40, 32, 30, 24, 20, 16 et 12 fr. Fauteuils, orchestre et balcon : 8 fr. De foyer : 3 fr. Places diverses : 2 et 1 fr. 50

Renaissance (Théâtre lyrique). — Boulevard Saint-Martin, 20 (téléphone 260-98). Tous les soir, représentations d'opéras et d'opéras-comiques. Transféré au Théâtre de la République.

Prix des places. — Avant-scènes du rez-de-chaussée et de balcon : 10 fr., 12 fr. *en location.* Baignoires : 8 fr. Loges de balcon et fauteuils, premier et deuxième rang : 7 fr. Fauteuils d'orchestre et de balcon, troisième rang etc. : 6 fr. Loges de première galerie et fauteuils de première galerie, premier rang : 4 fr. *En location :* 1 fr. en sus. Fauteuils de première galerie, autres rangs et avant-scènes, loges de première galerie de côté : 3 fr. avant-scènes et stalles deuxième galerie : 2 fr. *En location :* 50 centimes en sus. Amphithéâtre 1 fr.

Folies-Dramatiques. — Rue de Bondy, 40 (téléphone 256.67). 1600 places.

Prix des places. — Avant-scènes et loges de balcon : 10, 8 et 6 fr. Fauteuils de balcon et d'orchestre : 7, 6 et 5 fr. Stalles : 3 fr. Places diverses : 2 fr. 50, 1 fr. 50 et au-dessous

Palais-Royal. — Rue Montpensier, 38 (téléphone 102.50). 850 places.

Prix des places. — Avant-scènes et fauteuils, première galerie : 8 et 7 fr. Baignoires, fauteuils d'orchestre et premières loges : 7 fr. Stalles, loges, deuxième galerie, avant-scènes et fauteuils : 5 et 4 fr. Places diverses : 2 fr. 50.

Bouffes-Parisiens. — Rue Monsigny, 4 (téléphone 259.19). Tous les soirs. 1800 places.

Prix des places. — Avant-scènes, baignoires et loges de 5 et 4 places : 50, 40 et 32 fr. De deuxième galerie : 20, 16 et 8 fr. Fauteuils orchestre, balcon : 7 fr. De deuxième balcon : 4 fr. Diverses : 2 et 1 fr.

Nouveautés. — Boulevard des Italiens, 28 (téléphone 102.50). Tous les soirs. 1000 places.

Prix des places. — Première avant-scène · 50 fr. Baignoires et fauteuils de balcon : 8 et 7 fr D'orchestre et stalles : 7 fr. et 5 fr. De galerie : 5 fr. et 4 fr. Premières loges : 8 fr. Stalles galeries : 2 fr.

Déjazet. — Place de la République. Tous les soirs. 800 places.

Prix des places — Avant-scènes et loges de 6 et 4 places : 40 et 36 fr. Fauteuils d'orchestre : 5, 3 et 2 fr. 50. De balcon : 3 fr. 50 et 3 fr. Places diverses : 1 fr. 50 et 1 fr.

Théâtre Antoine (ex-Menus-Plaisirs). — Boulevard de Strasbourg, 14 (téléphone 226.64). Tous les soirs. 1200 places.

Prix des places. — Fauteuils d'orchestre, de balcon : 5 et 4 fr. De foyer : 3 fr. Stalles d'orchestre : 2 fr. 50. Tout le deuxième étage : 2 fr. Tout le troisième étage : 1 fr.

Comédie-Parisienne (ancien Athénée). — Square de l'Opéra (rue Boudreau). Téléphone 245.57. Tous les soirs.

Prix des places. — Avant-scènes : 10 fr. Baignoires, loges balcon, fauteuils balcon et d'orchestre : 7 fr. et 6 fr. Fauteuils et avant-scènes première galerie : 4 et 3 fr. Loges première galerie : 3 fr. Diverses : 2 fr. et 1 fr. 50.

Cluny. — Boulevard Saint-Germain, 71 (téléphone 807.76). Tous les soirs.

Prix des places. — Avant-scènes : 36 fr. Baignoires : 30 fr. Loges balcon : 24 fr. Fauteuils d'orchestre, d'avant-scène et de balcon : 5, 4 et 3 fr. Diverses : 3 fr. 50, 1 fr. 50 et 1 fr.

République. — Rue de Malte, 50 (téléphone 262.17). Tous les soirs. 2000 places.

Prix des places. — Avant-scènes : 40 et 36 fr. Loges balcon : 24 fr. Fauteuils orchestre et de balcon : 4, 3 et 2 fr. De foyer : 1 fr. 50. Stalles deuxième galerie : 1 fr.

Folies-Bergère. — Rue Bergère (téléphone 102.59). Tous les soirs.

Prix des places — Avant-scènes et loges diverses de 6 et 4 places : 40, 30, 20 et 16 fr. Fauteuils orchestre : 5 et 4 fr. De galerie et stalles orchestre : 3 fr. Promenoir : 2 fr.

Olympia. — Boulevard des Capucines, 26 (téléphone 244.68). Tous les soirs.

Prix des places. — Avant-scènes : 10 fr Loges : 7 et 5 fr. Fauteuils orchestre : 6 et 5 fr. De balcon : 4 et 3 fr. Fauteuils galerie et stalles : 2 fr. 50 et 1 fr. 50. Promenoir : 2 fr. Amphithéâtre : 1 fr.

Bouffes-du-Nord. — Faubourg Saint-Denis, 209 (téléphone 419.32). Tous les soirs. Drames, Comédies, Vaudevilles.

Prix des places. — Loges : 4 fr. la place. Baignoires : 3 fr. Fauteuils d'orchestre : 2 fr. Avancés : 2 fr. 50. Fauteuils balcon (2 rangs) : 2 fr. 50. Stalles de balcon : 1 fr. 50. Stalles d'orchestre : 1 fr. 50.

Théâtre-Lyrique de la Galerie Vivienne. — Rue Vivienne, 6.

Tous les soirs à 8 h. 1/2. La troupe des gamins parisiens dans son répertoire de Ballet, Pantomime et Chant. *Prix des places.* — Loges 4 places : 20 fr. Fauteuils d'orchestre première série : 4 fr. Deuxième série : 3 fr. Fauteuils de balcon : 2 fr. Stalles de galerie : 1 fr.

Mathurins. — Rue des Mathurins (téléphone 213.41).

Le théâtre des Mathurins est le théâtre le plus coquet de Paris, celui où se réunit, tous les soirs et tous les après-midi, le monde le plus élégant pour applaudir nos meilleurs artistes : Tarride et Marg. Deval en tête, et nos auteurs les plus réputés.

Robert-Houdin. — Boulevard des Italiens, 8.
Tous les soirs, à 8 h. 1/2, *Vues Cinématographiques*. Matinées de *Prestidigitation* les jeudis, dimanches et fêtes, à 2 h. 1/2.

Bodinière. — Rue Saint-Lazare, 18 (téléphone 147.31.) 600 places.

Grand-Guignol. — Rue Chaptal, 20 *bis*.

Tréteau de Tabarin. — Rue Pigalle, 38.

L'œuvre (Nouveau-Théâtre). — Rue Blanche, 15

Nouveau-Théâtre. — Rue Blanche, 15.

Folies-Marigny. — Carré des Champs-Elysées.

2. THÉATRES DE QUARTIER

Batignolles. — Boulevard des Batignolles, 78

Belleville. — Rue de Belleville, 46.

Gobelins. — Avenue des Gobelins, 73.

Grenelle. — Rue Croix-Nivert, 55.

Montparnasse. — Rue de la Gaîté, 31.

Montmartre. — Rue d'Orsel, 43.

Maguéra. — (Théâtre Moncey). Avenue de Clichy.

3. CAFÉS-CONCERTS. — BALS

Ambassadeurs. — Champs-Elysées. Concert tous les soirs; matinées : jeudis, dimanches et fêtes.

Programme : Yvette Guilbert, chansons, intermèdes, etc. Places : 1 fr. 50, 3 fr. et 4 fr.
Restaurant de premier ordre donnant sur le concert.

Alcazar d'Été. — Champs-Elysées. — Concert tous les soirs ; matinées jeudis, dimanches et fêtes.
Polin, Fragson, etc
Restaurant à prix modérés avec terrasse sur le concert.

Scala. — Boulevard de Strasbourg, 13. (Téléphone 101.16). Tous les soirs en été.

Casino de Paris. — Rue de Clichy, 16. Tous les soirs. Entrée : 2 fr.

Eldorado. — Boulevard de Strasbourg, 4. (Téléphone 265.94). Tous les soirs.

Parisiana. — Boulevard Poissonnière, 9. Tous les soirs.

Jardin de Paris. -- Champs-Elysées. Près de l'entrée monumentale de l'Exposition. Spectacle-concert, promenade.
Nombreuses attractions, rendez-vous de la clientèle élégante. Prix d'entrée : 5 fr., soirées de grandes fêtes : 10 fr. Dimanches et fêtes, matinées réservées aux familles. Entrée : 1 fr.

Moulin-Rouge. — Place Blanche.
Tous les soirs, concert ; à 10 h. bal.
Entrée : 3 francs.
Matinées dimanches et fêtes à 2 h.
Entrée : 50 centimes.

La Cigale. — Boulevard Rochechouart, 120 Tous les soirs.

Petit Casino. — Boulevard Montmartre, 12. Tous les soirs.

Pépinière. — Rue de la Pépinière, 9, près de la gare Saint-Lazare.

Divan Japonais. — Rue des Martyrs, 75. (Téléphone 523.74).
Directeur : Gaston Habrekorn, poète-chansonnier. Tous les soirs, théâtre inédit, chansons sensuelles. Matinées, dimanches et fêtes à 2 heures.

Trianon-Concert. — Boulevard Rochechouart, 80. (Téléphone 417.84).

Tous les soirs spectacle-concert, comédies, vaudevilles.

Prix des places. — Avant-scènes : 5 fr. Loges et fauteuils réservés, la place : 3 fr. Fauteuils avancés : 2 fr. D'orchestre : 1 fr. 50. Stalles de face : 1 fr. et 0.75 centimes. Balcon, premier rang : 2 fr. Deuxième et troisième rang : 1 fr.

Concert Européen. — Rue Biot, 5, place Clichy. Direction Varlet, administrateur Vallès.

Tous les soirs : Spectacle-concert, vaudeville, opérette, comédie. Tous les vendredis, changement de spectacle.

Concert Parisien. — Rue du Faubourg-Saint-Denis, 37, rue de l'Echiquier, 10. Spectacle-concert varié.

Gaîté-Montparnasse. — Rue de la Gaîté, 24, 26 et avenue du Maine, 67. Spectacle-Concert varié. *Ouvert toute l'année.*

Gaîté-Rochechouart. — Bd. Rochechouart, 15.
Ba-ta-clan. — Boulevard Voltaire, 50.

Fantaisies-Nouvelles. — Boulevard de Strasbourg, 32.

Concert de l'Epoque. — Boulevard Beaumarchais, 10,

Bullier. — Carrefour de l'Observatoire. Bal des Etudiants.

Tivoli-Vaux-Hall. — Rue de la Douane (Place de la République). Jardin.

Le Moulin de la Galette. — A Montmartre.

4. CABARETS ARTISTIQUES

Cyrano. — Boulevard de Clichy. Concert toute la nuit. Restaurant et cave de premier ordre.

Cabaret du Ciel. — Boulevard de Clichy, 53.

Cabaret de la Côte-d'Azur. — Boulevard de Clichy, 75.

L'Enfer. — Boulevard de Clichy, 53.

Le Mirliton. — Boulevard Rochechouart, 84.

Le Néant. — Boulevard de Clichy, 34.

Quat'-z-arts. — Boulevard de Clichy, 62.

5. CIRQUES

Hippodrome. — Boulevard de Clichy.

Nouveau-Cirque. — Rue Saint-Honoré, 251.

Tous les soirs à 8 h. 1/2. Représentations équestres et nautiques. Ballets, divertissements, clowneries, etc.
Mercredis, jeudis, dimanches et fêtes, matinée à 2 h. 1/2. Loge, la place : 5 fr. Fauteuil : 3 fr. Galerie : 2 fr.

Cirque-Palace. — Champs-Elysées (côté droit). (Téléphone 240.65).

Cirque d'Hiver. — Boulevard des Filles-du-Calvaire.

Cirque Médrano. — Rue des Martyrs. (Boum-Boum) téléphone 240.65

Tous les soirs à 8 h. 1/2. Attractions nouvelles. Jeudis, dimanches et fêtes à 2 h. 1/2 matinée. *Prix des places* : Loges (5 pl.) : 20 fr. la place : 4 fr. Fauteuil de balcon : 3 fr. Fauteuil : 2 fr. Stalle : 1 fr. Secondes : 0 fr. 50. Location de 11 h. à 6 h.

6. PANORAMAS

Bastille (de la). — Place Mazas.

Diorama de Jérusalem. — Rue Lamarck, 18.

L'Escadre Russe à Toulon (de). — A Neuilly (Porte-Maillot), route de la Révolte.

Bataille d'Austerlitz. — Boulevard Delessert (près du Trocadéro).

La France pittoresque, pour l'Exposition de 1900. — Rue Rossini, 22.

Terre Sainte. — Rue Saint-Eleuthère, 3.

Voir : dans la partie Exposition de 1900, les *Panoramas* compris dans son enceinte.

7. ATTRACTIONS

La Vie au pôle Nord. — Rue de Clichy, 18.

Colombia (Théâtre géant). — Porte des Ternes.

Le Combat Naval. — Porte des Ternes.

Lilliput. — 75, boulevard de Clichy (près l'Hippodrome et le Moulin-Rouge). — C'est un des rares spectacles où l'on puisse conduire sa famille. Matinées et soirées à 0 fr. 50 l'entrée. 250 personnages hauts de dix centimètres évoluent dans un panorama de Rubé et de Moisson, décorateurs de l'Opéra. C'est peut-être la moins tapageuse, mais la plus merveilleuse attraction de 1900 ; elle dépasse tout ce que l'esprit humain le plus hardi peut concevoir. Nous recommandons à nos lecteurs LILLIPUT, reconstitution exacte du voyage de Gulliver, comme une attraction unique et exempte de tout charlatanisme.

VII. BIBLIOTHÈQUES ET MUSÉES

BIBLIOTHÈQUES ET MUSÉES

Archives Nationales, rue des Francs-Bourgeois, 60. — Salle de travail: jours non fériés, de 10 h. à 5 h. Demande préalable au bureau des renseignements. — **Musée** : public le dimanche de midi à 3 h., avec autorisation du Directeur.

Aquarium. — Au Palais du Trocadéro. Pisciculture. Tous les jours de 9 h. à 11 h du matin et de 1 h. à 4 h. du soir.

Bibliothèque de l'Arsenal, rue de Sully, 3. — Jours non fériés, de 10 h. à 4 h. Fermée du 15 août au 1er septembre.

Bibliothèque de l'Ecole de Médecine, rue de l'Ecole. — Jours non fériés, de 11 h. à 6 h. et le soir de 7 h. 1/2 à 10 h. 1/2 du soir.

Bibliothèque de l'Université de France, à la Sorbonne. — Jours non

La Sorbonne (Page 43.)

fériés, de 11 h. à 5 h. et le soir de 7 h. à 10 h. Fermée du 5 juillet au 20 août.

Bibliothèque des Sociétés savantes. 8, rue des Petits-Champs — Lundi, mercredi, vendredi, de 1 h. à 4 h.

Bibliothèque et Musée historique de la Ville de Paris, à l'Hôtel Carnavalet, rue Sévigné, 23. — Bibliothèque : jours non fériés, de 11 h. à 5 h. été et de 10 h. à 4 h. hiver. — Musée, dimanche et jeudi, de 11 h. à 4 h. en toute saison.

Bibliothèque Mazarine, Palais de l'Institut, quai Conti, 23.
-- Jours non fériés, de 11 h. à 5 h. été, et de 11 h. à 4 h. hiver.
Fermée du 15 septembre au 1er octobre.

Bibliothèque Nationale, rue Richelieu, 58. — Estampes,
manuscrits, cartes, etc. : toute l'année, sauf la quinzaine avant
Pâques, de 10 h. à 4 h. — Salle de travail : demander une carte
d'admission au Secrétariat ; du 15 octobre au 15 février, de
9 h. à 4 h., du 15 février au 1er avril, de 9 h. à 5 h., du 1er avril
au 15 septembre, de 9 h. à 5 h. — Salle publique, rue Colbert, 3,
mêmes heures, dimanche excepté.

Bibliothèque Sainte-Geneviève, place du Panthéon. —
Jours non fériés, de 10 h. à 3 h., soir de 6 h. à 10 h. Fermée du
1er au 15 septembre.

Conservatoire de Musique, faubourg Poissonnière, 15. —
Bibliothèque, jours non fériés, de 10 h. à 4 h. — Musée, lundi,
et jeudi, de midi à 4 h.

Conservatoire des Arts-et-Métiers, rue Saint-Martin, 292.
— Dimanche, mardi et jeudi, de 10 h. à 4 h. ; les autres jours, de
midi à 3 h., en s'adressant à l'Administration. — Bibliothèque :
jours non fériés, lundi excepté, de 10 h. à 3 h. et le soir de
7 h. 1/2 à 10 h. Fermé du 16 au 30 septembre.

Ecole ou Palais des Beaux-Arts, rue Bonaparte, 14. —
Dimanche, de midi à 4 h. ; les autres jours, de 10 h. à 4 h. ;
samedi, de 10 h. à 3 h., accompagné d'un gardien, pourboire. —
Bibliothèque (demander au Secrétaire de l'Ecole ou au Biblio-
thécaire) ; jours non fériés : de midi à 5 h. été, et 4 h. hiver,
et le soir de 7 h. 1/2 à 10 h. Fermé du 1er août au 15 octobre.

Ecoles des Mines, boulevard Saint-Michel. — Mardi, jeudi et
samedi de 10 h. à 3 h.

Garde-Meubles, quai d'Orsay, 103. — Tous les jours, sauf le
lundi, de 10 h. à 4 h.

Hôtel des Invalides, tous les jours, de midi à 4 h. été. 3 h.
hiver. — Tombeau de Napoléon 1er, les dimanches, lundis, mardis
et vendredis, m. h.

Hôtel des Monnaies, quai Conti, 11. — Mardi et vendredi,
de midi à 3 h., avec permission du Directeur.

Hôtel de Ville, visite tous les jours, de 2 h. à 3 h. S'adresser
au Secrétariat Général.

Imprimerie Nationale, rue Vieille-du-Temple, 87 ; le jeudi à
2 h., avec permission du Directeur.

Jardin des Plantes. Muséum d'Histoire Naturelle, jeudi,
dimanche et fête, de 11 h. à 4 h. : mardi, vendredi et samedi
avec billet. — Salle de paléontologie, mardi, de 1 h. à 4 h., avec
billet. — Ménageries, jeudi, de 1 h. à 4 h., les autres jours avec

billet. — Serres, mardi, vendredi et samedi, de 1 h. à 4 h., avec billet. — Grande Serre, publique tous les jours, sauf lundi et samedi, de 1 h. à 5 h. Pour les billets s'adresser verbalement au Directeur du Muséum. Bureau fermé le dimanche.

Manufacture de Sèvres. Musée céramique, de midi à 4 h. hiver, 5 h. été. — Ateliers, demander carte par lettre à l'administration de la Manufacture ou au Directeur des Beaux-Arts, rue de Valois, 3.

Manufacture des Gobelins, avenue des Gobelins, 42. — Mercredi et samedi de 1 h. à 3 h.

Manufacture des Tabacs, quai d'Orsay, 63. — Jeudi, de 10 h. à midi et de 2 h. à 4 h., avec permission du Directeur.

Musée d'Artillerie, aux Invalides. — Dimanche, mardi et jeudi, de midi à 4 h. été, 3 h. hiver, les autres jours avec des billets demandés au Directeur.

Musée de Cluny, rue du Sommerard, 21. Très intéressant. Ouvert les dimanches et fêtes de 11 h. à 4 h. 1/2. Les étrangers peuvent le visiter tous les jours, sauf le lundi, en prenant des billets chez le concierge.

Musée du Louvre, 7 Musées différents. — Le dimanche de 10 h. à 4 h. en toutes saisons; les autres jours, lundi excepté, de 10 h. à 5 h. été, 9 h. à 4 h. hiver.

Musée du Luxembourg, tableaux d'artistes vivants, de 10 h. à 4 h. hiver, 9 h. à 5 h. été, lundi excepté.

Musée du Trocadéro. — Sculpture comparée, de 11 h. à 4 h. hiver, 11 h. à 5 h. été, lundi excepté. — Ethnographie, dimanche et jeudi, midi à 4 h. hiver, midi à 5 h. été; les autres jours, lundi excepté, en s'adressant à l'administration; pourboire au garde.

Musée Galliera, 10, rue Pierre Charron. Propriété de la Ville de Paris. Collection de gravures, peintures, médailles, pièces d'architecture et de sculpture. De midi à 4 h. sauf le lundi.

Musée Carnavalet ou Musée de la Ville de Paris, angle des rues de Sévigné et des Francs-Bourgeois. Bibliothèque de 72.000 volumes, 49.000 estampes et plans concernant l'histoire de Paris. Contient la guillotine de Samson, le fauteuil de Voltaire, l'épée de la Tour-d'Auvergne, etc. Ouvert tous les Jeudis et dimanches de 11 h. à 4 h.

Musée Etnographique. (Voir Musée du Trocadéro).

Musée Horticole de la Muette, avenue Henri-Martin, 115, ouvert tous les jours de 1 h. à 6 h. en été et de 1 h. à 5 h. en hiver. (Avec cartes.)

Musée Guimet, avenue d'Iéna, 7. — De midi à 4 h. hiver, h. été, sauf lundi.

Muséum d'Histoire Naturelle, (voir Jardin des Plantes.)

Musée Dupuytren, Musée Orfila (anatomie), rue de l'Ecole-de-Médecine, 12 et 15. — Jours non fériés, de 11 h. à 4 h. Demander autorisation au conservateur.

Musée de Saint-Germain, antiquités. — Dimanche, mardi, jeudi, de 10 h. 1/2 à 5 h. été, 10 h. 1/2 à 4 h. hiver.

Musée de Versailles, au château. — De 11 h. à 4 h. hiver, 10 h. à 5 h. été, lundi excepté.

Observatoire, Musée astronomique, avenue de l'Observatoire. — 1er samedi de chaque mois, à 2 h., autorisation du Directeur.

Musée de Cluny (Page 43.)

Musée Grévin, genre Tussaud, de Londres, 10 boulevard Montmartre. — Ouvert de 9 h. à 10 h. du soir. Sujets de cire. Galeries historiques. Orchestre hongrois. (Prix d'entrée : semaine 2 fr. ; dimanche 1 fr.)

VIII. LES BOIS

---

1. Le Bois de Boulogne.

Le Bois de Boulogne jouit d'une réputation universelle. Quand on parle de Paris, on n'oublie jamais de mentionner cette promenade qui attire tous les visiteurs de la capitale, Français de la province comme étrangers.

Situé aux portes de Paris entre Neuilly, Passy, Auteuil, Boulogne, Suresnes et Puteaux, le *Bois* comme on l'appelle généralement tout court, couvre une superficie de près de 900 hectares de bois, de pelouses et de plantations de toutes sortes

On s'y rend généralement en prenant les *Champs-Élysées* et l'avenue du *Bois-de-Boulogne*.

Beaucoup de personnes préfèrent s'y rendre par l'*avenue Victor-Hugo* et *la Muette* ou bien encore par la *Place de l'Étoile*, l'avenue *de la Grande-Armée* et la *Porte-Maillot*.

Le Bois est le rendez-vous du monde élégant, de la haute aristocratie et des heureux de ce monde. Mais il convient de dire qu'à ses heures et à ses jours, le même Bois de Boulogne devient aussi un centre d'attraction éminement populaire : c'est surtout les après-midi de dimanches et des jours de fêtes que la population ouvrière parisienne se transporte en masse au Bois où l'on voit, pendant la belle saison, des milliers de promeneurs s'ébattre sur les pelouses et faire la dinette sur l'herbe touffue.

Le Bois de Boulogne contient un grand nombre de pavillons et de restaurants élégants ainsi que deux *Champs de Course*: celui d'Auteuil et de Longchamp, qui est sans contredit le plus bel hippodrome du monde. C'est là qu'a lieu, annuellement, la fameuse revue du Quatorze-Juillet.

Presque au centre du Bois, près de deux lacs, se trouve la Cascade et, non loin de là, existe un tir aux pigeons.

Il y avait autrefois à Longchamp une abbaye qui était le but de nombreux et très importants pèlerinages. Quelques ruines seules en subsistent aujourd'hui

On jouit de vues magnifiques de certains points du Bois de Boulogne.

Étant donnée la facilité des communications, nous engageons vivement nos lecteurs à ne pas négliger de faire leur *Tour de Bois*.

Voici d'ailleurs les OMNIBUS QUI Y CONDUISENT : *Passy-Bourse. — La Muette-rue Taitbout. — Trocadéro-rue Taitbout. — Étoile-La Villette — Hôtel-de-Ville-Porte-Maillot. — Porte-Maillot-Palais-Royal.* (Les dimanches et fêtes seulement), ainsi que tous les omnibus conduisant au Trocadéro ou à l'Étoile.

On peut prendre aussi le CHEMIN DE FER DE LA PETITE CEINTURE et descendre soit aux gares de la *Porte-Maillot,* de l'avenue du *Bois-de-Boulogne* ou à celle d'*Auteuil.*

2. Le Bois de Vincennes.

Le Bois de Vincennes, situé dans une direction opposée, est la promenade populaire par excellence. Pendant les beaux jours, les dîneurs sur l'herbe y sont fort nombreux.

Le bois encadre le lac de Saint-Mandé. Là est un monument commémoratif à l'endroit où s'élevait jadis le *chêne* sous lequel saint Louis rendait la justice aux Parisiens.

Tout près, se trouve le *Donjon* de Vincennes, qui était anciennement une prison d'État; et qui sert aujourd'hui de caserne et de forteresse.

L'Hôtel de Ville (Page 44.)

Dans le voisinage du Donjon, se trouve un champ de tir spécialement affecté aux exercices de l'artillerie ainsi qu'un champ de courses.

C'est sur le vélodrome établi par la Ville de Paris, au Bois de Vincennes, que se court annuellement le Grand-Prix cycliste.

Une visite au Bois de Vincennes peut se recommander. Le Bois est très pittoresquement dessiné et présente des sites charmants et ombragés. Mais, c'est surtout le dimanche après-midi, que le spectacle est curieux à voir, quand la foule bruyante et gaie des modestes travailleurs vient s'y délasser, pendant de courtes heures, des rudes et ingrats labeurs d'une longue semaine.

Pour se rendre au **Bois de Vincennes**, on peut

6

disposer d'un très grand nombre de moyens de transport. Tous les omnibus conduisant à la place de la Bastille, d'où l'on peut prendre le train de Vincennes; les tramways de Charenton et de Saint-Mandé, au départ de la place de la République et les trains de Ceinture.

Lire en Chemin de fer les volumes de la *Collection illustrée* à **20** cent. (couverture jaune).

IX. ENVIRONS DE PARIS

Visites recommandées.

Il importe de profiter d'un séjour à Paris pour visiter la ville qui a, depuis le règne de Louis XIV, joué un rôle considérable dans l'État au point de devenir, à de certaines périodes de notre histoire nationale, la véritable capitale de la France.

1. Versailles.

Versailles, dont nous voulons parler, est une belle ville de cinquante mille habitants, située à vingt kilomètres de Paris seulement.

C'est à Versailles que se tient le Congrès chargé d'élire le Président de la République.

Le roi de France, Louis XIII, y possédait un simple pavillon de chasse. Lorsque les troubles de la Fronde éclatèrent sous Louis XIV, le Roi Soleil jugea prudent de s'y retirer. C'est ce qui décida du sort de la bourgade qui ne tarda pas à prendre un grand développement.

De magnifiques jardins furent créés sous la direction de Le Nôtre, tandis que les maîtres de l'architecture, Levau et Mansart, élevaient de somptueux palais là où se dressaient des chênes séculaires et de vénérables ormeaux. Des statues et des fontaines monumentales furent érigées et creusées dans le vaste parc ; et, peu à peu, la villégiature royale de Versailles éclipsa les plus renommées et les plus fastueuses résidences de Rome et de Berlin. Une ville ne tarda pas à se former et, dès ce moment, Versailles joua un rôle capital dans les événements qui se déroulèrent au cours des xvii° et xviii° siècle.

On conçoit donc que Versailles, résidence princière, recèle un nombre infini de souvenirs historiques du plus grand intérêt.

Que ne s'est-il pas passé dans le château de Versailles, depuis sa fondation par Louis XIV, jusqu'au jour de l'année terrible où le roi Guillaume de Prusse y fut couronné empereur d'Allemagne, dans la grande salle des Glaces ! Et, depuis lors, quelles étapes Versailles ne marque-t-il pas dans les annales de notre histoire, par l'élection successive des présidents Thiers, Mac-Mahon, Grévy, Carnot, Casimir-Perier, Félix Faure et Loubet.

Si l'on veut bien visiter Versailles, il faut y consacrer une journée entière. Nous recommandons à nos lecteurs de *ne pas s'y rendre le lundi*, parce qu'ils trouveraient le musée fermé. Tout autre jour de la semaine se prête à une excursion au chef-lieu du département de Seine-et-Oise.

Pour se rendre à Versailles, on peut prendre le train soit à la gare *Saint-Lazare*, soit à la gare

Montparnasse. C'est le trajet le plus rapide et le plus pratique.

Aux personnes qui ne sont pas trop pressées et qui désirent jouir d'une agréable promenade, nous recommanderons de se rendre à Versailles en tramway — prendre la ligne du *Louvre* — et de revenir de Versailles à Paris en chemin de fer.

Voici les principales curiosités dignes d'être vues à Versailles :

Le *Palais* avec ses *Jardins* et ses *Fontaines monumentales.* Quand on peut le faire, on doit s'arranger de façon à visiter Versailles un jour de grandes eaux, quand toutes les fontaines sont mises en action. C'est un spectacle unique en son genre. Des affiches partout placardées, l'indiquent.

Le Musée de Versailles, ouvert tous les jours de la semaine, sauf le lundi, contient une remarquable collection de tableaux représentant des batailles. La place nous manque ici pour entrer dans de bien longs détails, notre *Guide* étant presque exclusivement consacré à l'Exposition.

Il faut voir la salle du *Jeu de Paume,* où les députés du Tiers-Etat jurèrent de donner une Constitution à la France, le 20 juin 1789.

Les amateurs feront bien de visiter la cathédrale Saint-Louis, située rue Satory, et l'église Notre-Dame, rue Hoche, qui contiennent quelques jolies peintures et des sculptures remarquables.

Voir également le grand et le petit *Trianon*, contenant de splendides collections d'objets, la plupart des souvenirs historiques des rois de France ainsi que de Napoléon Ier.

2. Saint-Germain-en-Laye.

Saint-Germain-en-Laye est situé à vingt et un

kilomètres de Paris environ. On peut s'y rendre aussi bien par chemin de fer que par tramway à vapeur et, pendant la bonne saison, du 1er mai au 1er octobre, par le bateau le *Touriste* qui part du Pont-Royal, tous les jours, le matin.

Le voyage sur la Seine est des plus agréables et se recommande, tout particulièrement, aux personnes qui ne sont pas pressées, car, le trajet est singulièrement allongé quand on choisit la voie fluviale.

On peut prendre le train à la gare Saint-Lazare ou le tramway sur la place de l'Étoile, au coin de l'avenue de Wagram.

Saint-Germain, bâti à la lisière de la forêt du même nom, compte actuellement 16 à 17 mille habitants. Il domine la Seine. On peut admirer une splendide terrasse de 2600 mètres de longueur.

Dans la forêt de Saint-Germain, qui couvre une surface de 4500 hectares, se trouve une maison fort curieuse appelée la *Maison des Loges*.

Le château de Saint-Germain fut édifié au xiie siècle, — autrefois résidence des rois de France, — aujourd'hui, c'est un musée où l'on peut admirer de nombreuses antiquités, datant des temps préhistoriques et allant jusqu'à la période carlovingienne.

Le Musée est ouvert trois jours la semaine : Les dimanches de 10 heures 1|2 du matin à 4 heures du soir ; les mardi et les jeudis, de 11 heures à 4 heures.

Saint-Cloud, Sèvres, Meudon, peuvent être visités en une journée. Voir à *Saint-Cloud* l'emplacement du château incendié par les Prussiens pendant la guerre de 1870-71. Parc splendide s'étendant jusqu'à Marne-la-Coquette et Garches.

Visiter à *Sèvres*, la Manufacture Nationale de porcelaines et le Musée de Céramique ouvert tous les jours de midi à 4 heures. Les ateliers de fabrication peuvent être visités avec des cartes qu'il suffit de demander à l'Administration.

On peut s'y rendre par voie de terre en prenant le chemin de fer à la gare Saint-Lazare, le tramway Louvre — Sèvres, ou par voie fluviale en prenant le bateau-omnibus au Pont des Saints-Pères. Voyage très agréable pendant la belle saison.

Saint-Denis. — Tramway électrique et chemin de fer du Nord. Départ des tramways au bas de la rue Lafayette, à l'Opéra et à la Madeleine.

Visiter la *Basilique* renfermant les tombeaux des rois de France. Dans la crypte, on peut voir, sur les marches, le cercueil du roi Louis XVIII, le dernier des Bourbons, mort sur le trône de France, attendant vainement, depuis des années, la venue de son successeur, dans le royal mausolée, pour prendre possession de son ultime demeure.

La partie réservée de la Basilique est ouverte au public le dimanche de 3 heures à 5 h. 1|2 de l'après-midi et en semaine de 10 heures 1|2 du matin à 5 heures du soir. Les visiteurs ne sont admis que par groupe.

Chantilly, appartenant à l'Institut de France auquel il fut légué par le duc d'Aumale, dernier descendant des princes de Condé, dont le château était la résidence.

Le duc d'Aumale a entassé dans le château de Chantilly d'innombrables trésors artistiques qui forment aujourd'hui l'une des plus précieuses collections existantes.

Il y a un champ de Courses à Chantilly.

Pour s'y rendre, prendre le train à la gare du Nord.

Fontainebleau. — Gare de Lyon. Visiter le château qui date de François Ier. Napoléon Ier y fit ses adieux à la Garde dans la cour du Cheval Blanc ; Sadi-Carnot, président de la République, l'avait choisi pour résidence d'été.

Complègne, par la ligne du Nord. Ancien château royal intéressant à visiter ainsi que le Musée attenant à l'Hôtel-de-Ville. Ouvert au public les dimanches, mardis, jeudis, samedis et les jours de fête de midi à 5 heures.

Pierrefonds, sur la ligne du Nord, également. Château féodal contenant la salle des Chevaliers de la *Table-Ronde*. Reconstitué par Viollet-le-Duc. Ouvert tous les jours de midi à 4 heures.

CHEMINS DE FER DE PARIS-LYON-MEDITERRANEE

VILLES D'EAUX

Desservies par le réseau P.-L.-M.

Il est délivré, du 15 mai au 15 septembre, dans toutes les gares du réseau P.-L.-M., sous condition d'effectuer un parcours simple minimum de 150 kil., aux *familles d'au moins quatre personnes* payant place entière et voyageant ensemble, des billets d'aller et retour collectifs, de 1re, 2e et 3e classes, VALABLES 33 JOURS, pour les stations thermales suivantes:

VILLES D'EAUX	GARES desservant les VILLES D'EAUX	VILLES D'EAUX	GARES desservant les VILLES D'EAUX
Aix-en-Provence	Aix.		Saint-Julien-de-
Aix-les-Bains.	Aix-les-Bains.	Les Fumades.	Cassagnas.
Amphion.	Evian-l-Bains.	Lons-l-Saunier	Lons-l-Saunier.
	Pontcharra-s-	Marlioz.	Aix-les-Bains.
Allevard.	Bréda.	Menthon (Lac	
Bagnols.	Villefort.	d'Annecy)	Annecy.
Balarue.	Cette.	Montbrun.	Carpentras.
Besançon.	Besançon.		Carpentras.
Bondonneau.	Montélimar.		
Bourbon-Lancy.	Bourbon Lancy.	Montmirail.	Sarrians-Mont-
Bourbon-l'Ar-			mirail.
chambault.	Moulins.	Montrond-Geyser	Montrond.
Brides.	Moutiers Salins	Palaras.	Montpellier.
Caupalat-l-Vigan	Le Vigan.	Pougues-l-Eaux	Pougues-l-Eaux
Challes.	Chambéry.	Royat.	Clermont-Fer.
Champel.	Genève.		Saint-Martin-
Charbonnières.	Charbonnières	Sail-les-Bains.	Sail-les-Bains.
Châteauneuf.	Riom.	Sail-s-Couzan.	Sail-s-Couzan.
Châtelguyon.	Riom.	Saint-Alban	Roanne.
Condorcet-les-	Bollène-la-	Saint-Didier	Carpentras.
Bains.	Croisière.		Rémilly.
Cusset.	Vichy.	Saint-Honoré-l-	Vandenesse-S-
Digne.	Digne.	Bains	Honoré-l-Bains
Divonne.	Divonne.	Saint-Gervais.	Le Fayet-Saint-
Euzet-les-Bains.	Euzet-l-Bains.		Gervais.
Evian-l-Bains.	Evian-l-Bains.	Saint-Laurent-l-	La Bastide-st-
Fonsange l Bains	Sauve.	Bains.	Laurent-l-B.
Gréoulx.	Manosque.	Saint-Nectaire.	Coudes.
	Baume-les-	Salins (Jura).	Salins.
Guillon-l-Bains	Dames.	Salins (Savoie).	Moutiers-Salins
	Lépin-lac-d'Ai-	Santenay.	Santenay.
La Bauche.	guebelette.	Thonon-l-Bains.	Thonon-l-Bains
	Groisy-le-plot-	Uriage.	Grenoble.
La Caille.	Caille.		Vals-les-Bains-
Lamalou.	Montpellier.	Vals.	Labégude.
	Saint-Georges-		
La Motte.	de Commiers.	Vichy.	Vichy.

Le prix s'obtient en ajoutant au prix de six billets simples ordinaires (pour les trois premières personnes), le prix d'un billet simple pour la quatrième personne, la moitié de ce prix pour la cinquième et chacune des suivantes.

CHEMINS DE FER DE PARIS-LYON-MÉDITERRANÉE

VOYAGES CIRCULAIRES

à Coupons combinables

Sur le Réseau P.-L.-M.

Il est délivré toute l'année, dans toutes les gares du réseau P.-L.-M., des carnets individuels ou de famille pour effectuer sur ce réseau en 1re, 2e et 3e classes, des voyages circulaires à itinéraire tracé par les voyageurs eux-mêmes avec parcours totaux d'au moins 300 kilomètres. Les prix de ces carnets comportent des réductions très importantes qui atteignent, pour les carnets de famille, 50 0|0 du Tarif général.

La « validité » de ces carnets est de 30 jours jusqu'à 1.500 kilomètres ; 45 jours de 1.501 à 3.000 kilomètres ; 60 jours pour plus de 3.000 kilomètres.

Faculté de prolongation, à deux reprises, de 15, 23 ou 30 jours suivant le cas, moyennant le payement d'un supplément égal au 10 0|0 du prix total du carnet, pour chaque prolongation.

Arrêts facultatifs à toutes les gares situées sur l'itinéraire.

BILLETS D'ALLER ET RETOUR DE

PARIS à BERNE, à INTERLAKEN et à ZERMATT

		1re classe.	2e classe.	3e classe.
De Paris à	Berne (via Dijon-les-Verrières ou Dijon-les-Verrières, Delémont, Delle)	101 fr.	75 fr.	50 fr.
	Interlaken	113 »	83 »	56 »
	Zermatt	140 »	103 »	71 »

Validité : 60 jours. — *Arrêts facultatifs.* — Ces billets sont délivrés : de Paris à Berne et à Interlaken, du 15 avril au 15 octobre ; ceux pour Zermatt, du 15 mai au 30 septembre.

EXCURSIONS EN DAUPHINÉ

La Compagnie P.-L.-M. offre aux touristes et aux familles qui désirent se rendre dans le DAUPHINÉ, vers lequel les voyageurs se portent de plus en plus nombreux chaque année, diverses combinaisons de voyages circulaires à itinéraires fixes ou facultatifs, permettant de visiter, à des prix réduits, les parties les plus intéressantes de cette admirable région : GRANDE-CHARTREUSE, GORGES DE LA BOURNE, GRANDS-GOULETS, MASSIFS D'ALLEVARD et des SEPT-LAUX, ROUTE de BRIANÇON et MASSIFS DU PELVOUX, etc.

La nomenclature de ces voyages, avec prix et conditions, figure dans le « Livret-Guide P.-L.-M. », qui est mis en vente au prix de 60 centimes dans les gares du réseau, ou envoyé contre 0 fr. 85, en timbres-poste. adressés au Service de l'Exploitation (Publicité), 20, Boulevard Diderot, à Paris.

EMINS DE FER DE PARIS-LYON-MÉDITERRANÉE

Billets d'Aller et Retour à prix réduits

PARIS à GENÈVE et à ÉVIAN-LES-BAINS
VIA Mâcon-Culoz
Valables pendant 40 Jours,

c faculté de deux prolongations de 20 jours moyennant
un supplément de 10 0/0 pour chaque prolongation.

PRIX DES BILLETS

	1re classe	2e classe	3e classe
PARIS à { GENÈVE	105 fr. »	75 fr. 60	49 fr. 30
{ ÉVIAN-LES-BAINS. 112	40	80 90	53 73

s Billets de Paris à Évian sont délivrés du 1er Juin au
eptembre ; ceux de Paris à Genève, du 15 Mai au 30
embre.

EXCURSIONS AU MONT-BLANC
*ts d'aller et retour pour Chamonix par le Fayet-
St-Gervais).*

s Gares ci-dessous à CHAMONIX	PRIX DES BILLETS			valid. jours.
	1re classe	2e classe	3e classe	
	fr. c.	fr. c,	fr. c.	
....	121 75	93 10	62 80	15
Perrache	47 95	36 80	26 75	10
e-Eaux-Vives	19 75	16 50	13 50	8
s-Bains.	28 85	23 »	17 80	8
y.	21 10	18 15	14 60	8
-les-Bains.........	25 30	20 45	16 10	8
n-les-Bains	23 80	19 35	15 40	8

validité des billets peut être prolongée une seule fois
période unique égale à la durée primitive, moyennant
ment d'un supplément égal au 10 0/0 du prix du billet.
llets au départ de Paris et de Lyon permettent aux voya-
de passer par Genève ou par Saint-Julien-en-Genevois.
ages. — Il est accordé une franchise de bagages de
gr. sur le réseau P.-L.-M. et sur les diligences.

CHEMINS DE FER DE PARIS-LYON-MÉDITERRANÉE

BILLETS DE VACANCES
à Prix réduits

La Compagnie P.-L.-M. émet, du 15 Juillet au 15 Septembre, des Billets d'aller et retour collectifs de Vacances, de 1er, 2e et 3e classes, au départ de Paris pour toutes les gares situées sur son réseau. Ces billets sont délivrés aux familles d'au moins trois personnes payant place entière et voyageant ensemble. — Le prix s'obtient en ajoutant au prix de quatre Billets simples (pour les deux premières personnes) le prix d'un Billet simple pour la troisième personne, la moitié de ce prix pour la quatrième et chacune des suivantes.

Ces billets sont valables jusqu'au 1er Novembre. — Minimum de parcours simple : 500 kilomètres.

ARRÊTS FACULTATIFS
Faire la demande de Billets quatre jours au moins d'avance.

BILLETS D'ALLER ET RETOUR
De PARIS aux points frontières Suisses
délivrés conjointement
Avec des Cartes d'abonnements généraux Suisses

Il est délivré, au départ de Paris pour Genève, les Verrières-frontière, Vallorbe-frontière, Villers-frontière, Delle-frontière et Bâle, des billets d'aller et retour de 1re et de 2e classes, dont les prix sont uniformément fixés à 87 fr. en 1re classe et à 64 fr. en 2e classe.

Ces billets sont délivrés exclusivement aux voyageurs qui prennent, en même temps une carte d'abonnement Suisse de 15 ou 30 jours, valable sur les principaux chemins de fer et lignes de navigation suisses.

Les prix des abonnements généraux suisses sont les suivants:

	1re classe	2e classe	3e classe
Abonnement de 15 jours.	60 fr.	42 fr.	30 fr.
— 30 jours.	100 fr.	70 fr.	50 fr.

Pour plus de détails consulter le Livret Guide Officiel P.-L.-M.

POUR SE RENDRE

A

L'EXPOSITION

Sept portes principales donnent entrée à l'Exposition de 1900 : la porte Binet, la Porte de l'avenue des Champs-Elysées, la Porte de la place de l'Alma, la porte de la place du Trocadéro, la Porte de l'avenue Rapp, la Porte de l'Ecole militaire et la Porte des Invalides.

Pour aller à la *Porte Binet,* prendre les omnibus ou tramways : Bastille — place de la Concorde ; gare de l'Est — place de la Concorde ; Porte Saint-Martin — Grenelle ; Panthéon — place Courcelles ; Passy — Hôtel-de-Ville ; Louvre — Versailles ; Hôtel-de-Ville — Porte-Maillot ; Etoile — Palais-Royal ; gare du Nord — place de l'Alma ; Bastille — Porte Rapp ; Javel — gare Saint-Lazare ; Square des Batignolles — gare Montparnasse ; gare de Lyon — place de l'Alma.

A la *Porte de l'avenue des Champs-Elysées :* Hôtel-de-Ville — Porte-Maillot ; gare de Lyon — place de l'Alma.

A la *Porte de la Place de l'Alma :* Passy — Hôtel-de-Ville ; Louvre — Versailles ; gare du Nord — place de l'Alma ; gare de Lyon — place de l'Alma ; Bastille — Porte Rapp ; Etoile — Monparnasse ; Montmartre — Porte Rapp ; place de la Chapelle — pont de l'Alma.

A la *Porte de la place du Trocadéro :* Hôtel-de-Ville — Passy ; Passy — Bourse ; Trocadéro — gare de l'Est ; Auteuil — Madeleine ; La Muette — rue Taitbout ; place Pigalle —· Trocadéro ; La Villette — Trocadéro.

A la *Porte de l'avenue Rapp* : quai Valmy — Porte Rapp ; Bastille — Porte Rapp ; Montrouge — Porte Rapp ; Montrouge — Saint-Philippe-du-Roule.

A la *Porte de l'Ecole Militaire* : Palais-Royal — Ecole Militaire ; avenue d'Antin — Issy ; quai de Valmy — Porte Rapp ; Javel — gare Saint-Lazare ; Saint-Philippe-du-Roule — Vanves.

A la *Porte des Invalides* : Palais-Royal — Ecole Militaire ; Porte Montmartre — Grenelle ; Etoile — Montparnasse.

LES MOYENS DE TRANSPORT DANS L'EXPOSITION

Un chemin de fer, partant du Champ-de-Mars, Ecole Militaire, borde l'avenue de la Bourdonnais, toute la rue des Nations depuis le pont d'Iéna, le boulevard de la Tour-Maubourg, contourne les Invalides et aboutit à la gare principale, la gare des Invalides, bordant la rue de Constantine et le quai d'Orsay et avoisinant le pont Alexandre III.

Un ingénieux système de trottoirs roulants, parallèlement construits au chemin de fer dont nous venons d'indiquer le parcours, le suit constamment, formant pour le public une double voie, au choix du voyageur. On a aussi donné à ce chemin de fer, inauguré à Chicago, les noms de trottoirs mobiles ou de chemin de fer roulant.

Lire en Chemin de fer les volumes de la *Collection illustrée* à 20 cent. (couverture jaune).

Clef de voûte du Pont Alexandre III.

L'EXPOSITION DE 1900

Guide du Visiteur.

Plan du Guide Armand Silvestre.

Avant de guider le lecteur à travers les merveilles artistiques et industrielles d'une Exposition qui doit résumer tous les efforts et présenter,
dans un admirable ensemble, les progrès de tout
un siècle, nous devons donner la classification générale officielle, dénombrer les *groupes* et leurs
subdivisions, les *classes*, afin que chacun puisse,
au gré de ses goûts ou en vue de ses besoins professionnels, se documenter comme il l'entendra.

Ces *groupes*, manifestations de l'activité humaine, nous aurons à les parcourir dans notre
promenade méthodique dont le point de départ
est au centre de Paris, place de la Concorde,
exactement au seuil du Cours-la-Reine, et le point
d'arrivée à la sortie de l'Esplanade des Invalides.
En visitant les galeries ou les palais spéciaux
consacrés aux Arts ou aux Industries dont les

groupes sont, pour ainsi dire, le quartier général ; nous nous arrêterons devant les monuments d'une étonnante variété, d'une merveilleuse diversité de style ; les uns, symbolisant l'œuvre des temps passés, les autres, réalisant les conceptions de l'architecture moderne pour laquelle la grande date de 1900 sera un véritable triomphe.

Après avoir conduit le lecteur partout où il y a quelque chose à apprendre ou à admirer, nous sortirons de l'enceinte officielle et nous passerons en revue les attractions du dehors, ce qu'on pourrait appeler l'Exposition de la frontière, où de grandioses projets ont été supérieurement réalisés.

Voilà, en quelques lignes, notre plan exposé. Nous le suivrons consciencieusement, car le *Guide Armand Silvestre*, à qui le nom d'un grand écrivain, d'un artiste parisien par excellence, ne peut que porter bonheur, notre Guide, disons-nous, s'est proposé un double idéal : celui d'être le premier des ouvrages de ce genre offert au public, et celui de ne fournir que des renseignements authentiques, toujours contrôlés sur place.

LES ÉDITEURS.

Classification générale.

Premier groupe (Classes 1 à 6).

Education et Enseignement.

Classe 1. — Education de l'enfant. — Enseignement primaire. — Enseignement
des adultes.
— 2. — Enseignement secondaire.
— 3. — Enseignement supérieur. — Institutions scientifiques.
— 4. — Enseignement spécial artistique.
— 5. — Enseignement spécial agricole.
— 6. — Enseignement spécial industriel et
commercial.

Deuxième groupe. — (Classes 7 à 10).

OEuvres d'art.

Classe 7. — Peintures, cartons, dessins.
— 8. — Gravure et lithographie.
— 9. — Sculpture et gravure en médailles
et sur pierres fines.
— 10. — Architecture.

Troisième groupe. (Classes 11 à 18).

*Instruments et procédés généraux des Lettres, des
Sciences et des Arts.*

Classe 11. — Typographie. — Impressions diverses.
— 12. — Photographie.
— 13. — Libraires, éditions musicales. —
Reliure, matériel et produits. —
Journaux. — Affiches.

—   *14.* — Cartes et appareils de géographie et de cosmographie. — Topographie.

—   *15.* — Instruments de précision. — Monnaies et médailles.

—   *16.* — Médecine et chirurgie.

—   *17.* — Instruments de musique.

—   *18.* — Matériel de l'art théâtral.

Quatrième groupe. (Classes 19 à 22).

Matériel et procédés généraux de la mécanique.

Classe   *19.* — Machines à vapeur.

—   *20.* — Machines motrices diverses.

—   *21.* — Appareils divers de la mécanique générale.

—   *22.* — Machines-outils.

Cinquième groupe. (Classes 23 à 27).

Électricité.

Classe   *23.* — Production et utilisation mécanique de l'électricité.

—   *24.* — Electrochimie.

—   *25.* — Eclairage électrique.

—   *26.* — Télégraphie et téléphonie.

—   *27.* — Applications diverses de l'électricité.

Sixième groupe (Classes 28 à 34).

Génie civil. — Moyens de transport.

Classe   *28.* — Matériaux, matériel et procédés du génie civil.

—   *29.* — Modèles, plans et dessins de travaux publics.

—   *30.* — Carrosserie et charronnage. — Automobiles et cycle .

7

— *31.* — Sellerie et bourrellerie.
— *32.* — Matériel des chemins de fer et tramways.
— *33.* — Matériel de la navigation de commerce.
— *34.* — Aérostation.

Septième groupe (Classes 35 à 42).

Agriculture.

Classe 35. — Matériel et procédés des exploitations rurales.
— *36.* — Matériel et procédés de la viticulture.
— *37.* — Matériel et procédés des industries agricoles
— *38.* — Agronomie. Statistique agricole.
— *39.* — Produits agricoles alimentaires d'origine végétale.
— *40.* — Produits agricoles alimentaires d'origine animale.
— *41.* — Produits agricoles non alimentaires.
— *42.* — Insectes utiles et leurs produits. Insectes nuisibles et végétaux parasitaires.

Huitième groupe (Classes 43 à 48).

Horticulture et arboriculture.

Classe 43. — Matériel et procédés de l'horticulture et de l'arboriculture.
— *44.* — Plantes potagères.
— *45.* — Arbres fruitiers et fruits.
— *46.* — Arbres, arbustes, plantes et fleurs d'ornement.

—   47. — Plantes de serre.

—   48. — Graines, semences et plantes de l'horticulture et des pépinières.

Neuvième groupe (Classes 49 à 54).

Forêts, chasse, pêche, cueillettes.

Classe 49. — Matériel et procédés des exploitations et industries forestières.

—   50. — Produits des exploitations et industries forestières.

—   51. — Armes de chasse.

—   52. — Produits de la chasse.

—   53. — Engins, instruments et produits de la pêche, aquiculture.

—   54. — Engins, instruments et produits des cueillettes.

Dixième groupe (Classes 55 à 62).

Aliments.

Classe 55. — Matériel et produits des industries alimentaires.

—   56. — Produits farineux et leurs dérivés.

—   57. — Produits de la boulangerie et de la pâtisserie.

—   58. — Conserves de viandes, de poissons, de légumes et de fruits.

—   59. — Sucres et produits de la confiserie, condiments et stimulants.

—   60. — Vins et eaux-de-vie de vin.

—   61. — Sirops, liqueurs, spiritueux doux, alcools d'industrie.

—   62. — Boissons diverses.

Onzième groupe (Classes 63 à 65).

Mines. — Métallurgie.

Classe 63. — Exploitation des mines, minières et carrières.
— 64. — Grosse métallurgie.
— 65. — Petite métallurgie.

Douzième groupe (Classes 66 à 75).

Décoration et mobilier des édifices publics et des habitations.

Classe 66. — Décoration fixe des édifices publics et des habitations.
— 67. — Vitraux.
— 68. — Papiers peints.
— 69. — Meubles à bon marché, meubles de luxe.
— 70. — Tapis, tapisserie et autres tissus d'ameublement.
— 71. — Décoration mobile et ouvrages de tapissier.
— 72. — Céramique.
— 73. — Cristaux. Verrerie.
— 74. — Appareils et procédés de chauffage et de ventilation.
— 75. — Appareils et procédés d'éclairage non électrique.

Treizième groupe (Classes 76 à 86).

Fils, tissus, vêtements.

Classe 76. — Matériel et procédés de la filature et de la corderie.

— 77. — Matériel et procédés de la fabrication des tissus.

— 78. — Matériel et procédés du blanchiment, de la teinture, de l'impression et de l'apprêt des matières textiles à leurs divers états.

— 79. — Matériel et procédés de la couture et de la fabrication de l'habillement.

— 80. — Fils et tissus de coton.

— 81. — Fils et tissus de lin, de chanvre, etc. Produits de la corderie.

— 82. — Fils et tissus de laine.

— 83. — Soies et tissus de soie.

— 84. — Dentelles, broderies et passementeries.

— 85. — Industries de la confection et de la couture pour hommes, femmes et enfants.

— 86. — Industries diverses du vêtement.

Quatorzième groupe (Classes 87 à 91).

Industrie chimique.

Classe 87. — Arts chimiques et pharmacie.

— 88. — Fabrication du papier.

— 89. — Cuirs et peaux.

— 90 — Parfumerie.

— 91. — Manufactures de tabac et d'allumettes chimiques.

Quinzième groupe (Classes 92 à 100).

Industries diverses.

Classe 92. — Papeterie.

— 93. — Coutellerie.

—, *94.* — Orfèvrerie.

—   *95.* — Joaillerie et bijouteri :.

—   *96.* — Horlogerie.

—   *97.* — Bronze, fonte et ferronnerie d'art, métaux repoussés.

—   *98.* — Brosserie, maroquinerie, tabletterie et vannerie.

—   *99.* — Industrie du caoutchouc et de la gutta-percha, objets de voyage et de campement.

—, *100.* — Bimbeloterie.

Seizième groupe (Classes 101 à 112).

Economie sociale. Hygiène. Assistance publique.

Classe 101. — Apprentissage, protection de l'enfance ouvrière.

— *102.* — Rémunération du travail, participation aux bénéfices.

— *103.* — Grande et petite industrie. Associations coopératives de production ou de crédit. Syndicats professionnels.

— *104.* — Grande et petite culture. Syndicats agricoles, crédit agricole.

— *105.* — Sécurité des ateliers, réglementation du travail.

— *106.* — Habitations ouvrières.

— *107.* — Sociétés coopératives de consommation.

— *108.* — Institutions pour le développement intellectuel et moral des ouvriers.

— *109.* — Institutions de prévoyance.

— *110.* — Initiative publique ou privée en vue du bien-être des citoyens.

—   111. — Hygiène.
—   112. — Assistance publique et bienfaisance privée, institutions pénitentiaires.

Dix-septième groupe (Classes 113 à 115).

Colonisation.

Classe 113. — Procédés de colonisation.
—   114. — Matériel colonial.
—   115. — Produits spéciaux destinés à l'exportation dans les colonies.

Dix-huitième groupe (Classes 116 à 121).

Armées de terre et de mer.

Classe 116. — Armement et matériel de l'artillerie.
—   117. — Génie militaire et services y ressortissant.
—   118 — Génie maritime, travaux hydrauliques, torpilles.
—   119. — Cartographie, hydrographie, instruments divers.
—   120. — Services administratifs.
—   121. — Hygiène et matériel sanitaire.

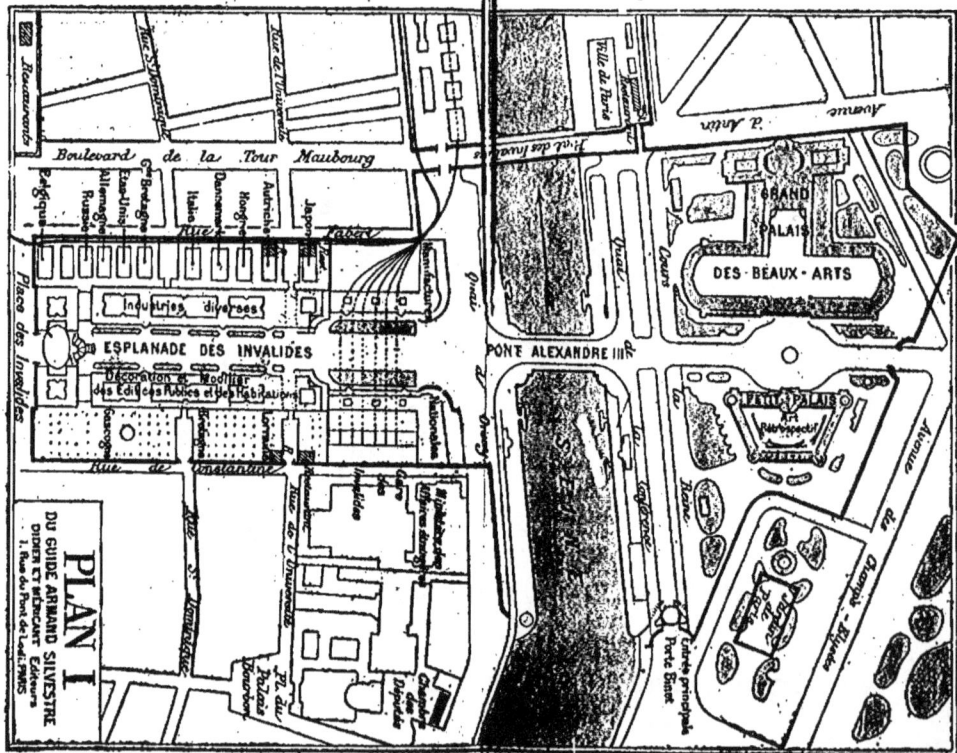

VUE GÉNÉRALE
DE L'EXPOSITION

C'est le moment d'embrasser d'un coup d'œil l'Exposition tout entière.

M. Bouvard et ses collaborateurs ont tiré le plus merveilleux parti de l'immense espace qu'on a mis à leur disposition.

Les Champs-Élysées, les bords de la Seine, le Trocadéro, le Champ-de-Mars et l'Esplanade des Invalides forment une admirable cité peuplée de monuments grandioses, entourés de poétiques jardins, enrichis partout de constructions colossales ou gracieuses, de palais somptueux, de maisons modestes quelquefois en apparence, mais ayant toutes un caractère pittoresque, un style historique, un attrait particulier.

Le spectacle dépasse tout ce qu'on peut rêver.

Sur la rive droite, la Porte monumentale, les superbes palais des Champs-Élysées, le Vieux-Paris, savante restitution du moyen âge, l'Exposition de l'incomparable cité, la rue de Paris avec ses théâtres fin de siècle, et la sublime kermesse du Trocadéro où l'Europe a centralisé les splendeurs de ses colonies.

Sur la rive gauche, les féeriques constructions de l'Esplanade des Invalides et, sur le quai rayonnant, la rue des Nations où les deux mondes ont rivalisé d'émulation pour nous donner l'impression durable de leur grandeur.

Plus loin, la Tour Eiffel, avec son cortège de superbes édifices, d'une exceptionnelle magnificence, et, presque tous, abritant des attractions sans pareilles.

Dans les galeries disséminées un peu partout, où fleurissent toutes les branches de l'art et de l'industrie, l'effort synthétisé du travail universel.

Au dehors, sur la frontière de cet empire du progrès, l'étrange Roue de Paris, l'attirant Village suisse, le colossal Globe céleste...

Dans l'année qui a précédé l'ouverture des grandes assises de 1900, on a parlé de « boycotter la France ».

Il n'est donc pas superflu de constater que les étrangers nous ont apporté un grand appoint de succès.

S'ils ne viennent pas pour nous, ils viendront pour eux !

Divisions du Guide.

L'Exposition de 1900 peut être divisée, au point de vue du visiteur, en quatre parties principales :

1º La rive droite, de la Porte monumentale au Trocadéro ;

2º Le Trocadéro ;

3º Le Champ-de-Mars ;

4º La rue des Nations et les Invalides.

C'est cet ordre normal que nous avons adopté.

PREMIÈRE PARTIE

La rive droite de la porte monumentale au Trocadéro. — PLANS I ET II.

La Porte Monumentale Binet. Le Pont Alexandre III. Les deux Palais des Champs-Elysées. Le Pavillon de la Ville de Paris. Le Palais de l'Horticulture. L'Aquarium. La Rue du Caire. Le Palais de la Danse. La Rue de Paris. Le Vieux-Paris.

Deux grandes entrées, sur la rive droite, livrent passage au visiteur : la Porte Binet et la Porte des Champs-Elysées.

La grande porte monumentale, qui sert d'entrée principale à l'Exposition de 1900, la **Porte Binet**, du nom de son éminent architecte, est située au commencement du Cours-la-Reine, perpendiculairement aux quais, à l'endroit où se trouvaient les bureaux d'omnibus et de tramways. Elle a 40 mètres de hauteur et, de chaque côté, sont placés deux minarets parsemés

Pont Alexandre III. (Page 109.)

de lampes de couleur et surmontés d'un puissant phare électrique. La porte, sous laquelle on pénètre, est, ainsi que ses sculptures, en staff, c'est-à-dire en plâtre teinté. Elle est formée de trois arcs égaux, montés sur trois supports soutenant une coupole d'or. Toute la façade et les supports sont en tôle émaillée de couleurs et forment de gigantesques mosaïques. Elle est, pendant toute l'Exposition, éclairée tous les soirs par des lampes électriques et des cabochons de couleurs diverses et éblouissantes.

Après avoir franchi la *Porte Monumentale*, on aperçoit, à gauche, le *Pont Alexandre III*, qui donne accès à l'Esplanade des Invalides.

C'est le 7 octobre 1896, que fut posée la première pierre du Pont Alexandre III, appelé à relier, par la seule portée d'une arche de 107 m. 50, les deux rives de la Seine dans l'axe de l'Esplanade des Invalides, en prolongement d'une nouvelle avenue aboutissant aux Champs-Elysées. L'empereur Nicolas II assista à la pose de la première pierre qui eut lieu, on sait avec quel éclat ! Pour ne pas détruire la perspective de l'Esplanade des Invalides, il a fallu baisser le tablier du pont le plus possible, mais on risquait de nuire aux intérêts de la navigation, en restreignant le passage. Ces deux difficultés ont été vaincues par l'emploi du métal qui a permis de réduire l'épaisseur de l'axe, et d'obtenir le plus grand surbaissement de tous les ponts construits en France. Les auteurs du projet du pont sont : MM. Réjal et Albi, ingénieurs des ponts et chaussées.

Mais nous nous réservons, dans ce chapitre, pour les attractions de la rive droite.

Nous nous dirigeons donc sans retard, en traversant les beaux jardins qui les entourent, vers les deux magnifiques palais des Champs-Elysées, palais créés autant pour embellir l'Exposition de 1900, que pour succéder à l'ancien Palais de l'Industrie, qui aujourd'hui n'existe même plus à l'état de ruine.

De fait, l'ancienne porte subsiste. C'est de chaque côté que s'élèvent les **Palais des Beaux-Arts** ; et leurs masses imposantes, pleines d'une grâce robuste et d'une force élégante, retiennent les regards du visiteur, qui ne regrette plus l'ancienne construction massive, qui servait aux Salons annuels et aux Expositions partielles.

A gauche, c'est le **Petit Palais des Beaux-Arts** dû à M. Girault, architecte.

On a dit que c'était une petite bonbonnière. Un peu mièvre, en effet, le **Petit Palais** ne garde pas moins un double et bel aspect de délicatesse et de puissance. Encore que ses proportions ne soient guère comparables à celles du Grand Palais, il profile pourtant sur le ciel une silhouette singulièrement imposante ; ses colonnes légères et nerveuses, son fronton hardi et fin, son large escalier, ses balustrades à jour laissent une impression d'art joli et précieux. La frise en haut-relief, qui court sur les colonnes, est d'une exécution tout à fait remarquable, et nous sommes convaincu qu'elle sera très admirée.

M. Girault aurait pu sans doute concevoir une œuvre plus simple. Elle eût assurément gagné à être moins chargée dans ses détails ; mais c'est là une critique trop facile. Le temps, ce grand artiste, se chargera de faire disparaître certaines minuties ; il recouvrira tout, peu à peu, d'une patine chaude et sombre. Les points saillants demeureront seuls en lumière ; le fouillis sera noyé dans l'ombre, et l'œuvre alors sera parfaite.

A droite, c'est le **Grand Palais des Beaux-Arts** dû à MM. Deglane, Louvet et Thomas, architectes. Il provoque une impression tout autre.

. La puissante colonnade, qui court tout le long de ce monument, peut certes rivaliser avec les modèles du genre.

Harmonieusement proportionnées, ayant entre elles des intervalles qui en dégagent la puissante allure, sans l'amoindrir, sobrement ornées de « chutes » de laurier et de chêne, ces colonnes constituent, à elles seules, des œuvres très remarquables.

De chaque côté de l'entrée monumentale, sont placées quatre statues. A droite, des femmes d'un fort beau caractère sculptural, personnifient les arts égyptien, grec, romain et byzantin. .

A gauche, quatre autres statues représentent les quatre arts principaux : la sculpture, la peinture, l'architecture et la gravure.

Tout le long de la façade, au tiers de la hauteur du monument, courent des bas-relief où sont représentés des Amours, qui tous tiennent en mains les attributs des différents arts.

Les guirlandes qui entourent les fenêtres, un peu lourdes, en leur blancheur de pierre neuve, prendront certainement un noble caractère d'art, quand le temps aura passé par là et mis tout au point.

On remarquera certainement deux grands quadriges monumentaux placés sur les pavillons d'angle du **Grand Palais des Beaux-Arts**. L'auteur est M. Georges Récipon, à qui l'on doit encore deux magnifiques groupes allégoriques formant clef de voûte du Pont Alexandre III, et un grand panneau décoratif sur la façade du Pavillon des Manufactures de l'Etat, à l'Esplanade

Grand Palais des Beaux-Arts. (Page 111)

des Invalides. M. Récipon aura sa grande part des succès de MM. Deglane, Louvet et Thomas.

L'intérieur du Grand Palais des Beaux-Arts est vraiment saisissant.

Mais, ce qu'il faudra voir en détail, c'est l'œuvre des peintres, des sculpteurs et des graveurs modernes, dont il contient les plus brillantes productions. Nos lecteurs se souviendront, sans doute, que ces œuvres ont subi une sélection minutieuse. Nous ne voyons donc sous nos yeux éblouis que l'élite de la production artistique.

Nous voici revenus Cours-la-Reine. C'est d'abord le **Pavillon de la Ville de Paris**, qui nous apparaît digne de sa destination. On y trouve rassemblée toute la documentation nécessaire pour se rendre compte des divers services de la grande cité. C'est le temple de l'édilité, dont sont très fiers nos conseillers municipaux, et qui servira aussi pendant toute l'Exposition à des réceptions dont bénéficieront surtout les édiles des grandes villes de France et de l'Etranger.

Après le Grand Palais destiné aux hommes, le palais consacré aux fleurs et aux plantes d'ornement.

Nous l'avons dit dans la préface de ce *Guide*; Paris est la ville des fleurs. Aussi l'horticulture, à l'Exposition de 1900, possède une place d'honneur. Les produits qui, sur beaucoup d'autres, ont l'avantage d'intéresser tout le monde, sont présentés dans un majestueux décor. L'emplacement qui leur est réservé suffit amplement à satisfaire les plus exigeants : d'un seul tenant, il comprend les jardins établis autour des nouveaux palais, qui bordent l'avenue Nicolas II, ainsi que la plus grande partie du Cours-la-Reine et du quai de la Conférence.

Ce n'est pas seulement un Palais de l'Horticulture que nous possédons, mais trois, reliés par un parterre central, occupant ensemble 223 mètres de longueur.

Le jardin central est dessiné à la française par le jardinier en chef de l'Exposition, M. Vacherot. Il est limité par deux serres latérales en encorbellement sur la Seine.

Chaque serre, qui n'a pas moins de 60 mètres de long, comprend une grande nef de 16 mètres de large, sur 18 de hauteur.

Sur la berge du Cours-la-Reine, de chaque côté du grand escalier qui mène aux jardins et aux serres de la Ville de Paris, s'ouvrent deux porches monumentaux, flanqués de vastes et riants cafés, au-dessus desquels, en lettres immenses, court cette inscription : **Aquarium**.

Les pilastres qui soutiennent les terrasses du premier plan sont ornés de superbes figures décoratives, toutes inspirées par les êtres et les choses de la mer. L'un de ces cafés représente un intérieur de pêcheurs bretons, l'autre, un logis de pêcheurs boulonnais.

Nous passons devant une série d'éventaires où se débitent tous les bibelots délicats dont la matière première a été fournie à l'art par la mer. Puis, voici le premier lac de l'**Aquarium**, au fond duquel s'érige le superbe groupe d'Amphitrite, du sculpteur Gaugnié.

Encore quelques pas sur le sol incliné d'une rampe plus sombre, et soudain nous tombons dans le rêve.

Partout, en face, en arrière, à droite et à gauche, sur nos têtes, partout le fond de la mer avec ses lointains mystérieux, avec sa vie intense.

Dans la salle, se dressent des rochers de toutes formes, et le long de l'immense ellipse constituée par les parvis extérieurs de l'**Aquarium**, toute la flore, toute la faune de l'Océan vont se révéler à à nos yeux.

Voici les longues herbes marines, les algues aux fines découpures qui croissent sur les bas-fonds ; voici les fleurs vivantes, que les savants appellent des Zoanthaires et des Anthozoaires, et qui ornent si merveilleusement les jardins de la mer. Voici les coraux, depuis le corail blanc jusqu'à l'écume de sang, et voici, se développant dans leurs alvéoles rocheux, les éponges de toutes formes : tubes, vases, globes, arbustes et éventails.

Le sable du sol est émaillé d'astéries, d'oursins et d'une multitude de coquillages aux flancs des rochers s'attachent les moules, les huîtres et d'autres mollusques ; vers les hauteurs du lac, flottent les tritons, les nautiles et les argonautes.

De toutes parts, rampent les crustacés : les homards, les langoustes, les araignées de mer. Les poulpes, les seiches, les calmars, sortent des anfractuosités des rochers.

Entre deux eaux, se balancent les méduses avec leurs ombelles blanches ou bleuâtres.

Dans les ondes calmes, s'agitent les poissons de toutes formes et de tous genres : sans parler des morues de toutes espèces, des merlans, des maquereaux, voici l'ophisure, qui n'est autre que le serpent de mer ; plus loin, vois! les bêtes féroces de la mer, les grands squales, le pèlerin, la scie, les requins bleus, les marteaux aux yeux énormes, l'ange de mer ; puis des poissons étranges : le ptérois-volant, le pégase-dragon, l'oréosome, le pelor filamenteux, le salarias cornu, la torpille marbrée et les hippocampes.

Mais, comme il ne suffisait pas d'évoquer à nos yeux toutes ces merveilles nées de la nature, les *impresarii* de l'**Aquarium** ont créé encore des attractions qui, à l'intérêt scientifique, ajoutent le charme de véritables exhibitions artistiques.

Voici l'un des bacs dont le fond est formé de rochers basaltiques et de scories. Soudain, le roc semble s'entr'ouvrir, une lueur rouge apparaît ; et, du fond, une colonne enflammée monte en globules rutilants, larges et pressés, vers la surface : c'est l'éruption d'une crevasse volcanique sous-marine.

Voici, plus loin, le bac où s'entrelacent les rameaux bruns et rouges des madrépores et des coraux et, dans les lointains mystérieux, passent des théories de sirènes aux longues chevelures entremêlées d'algues flottantes.

Plus loin encore, dans le bac consacré aux ré-

gions polaires, parmi les stalactites et les stalag-
mites, se dressent tout à coup sur la banquise les
fantastiques apparitions des génies et des nymphes
des glaces,

Enfin, voici le bac où est évoquée l'œuvre mau-
dite des tempêtes : un grand vaisseau naufragé
en occupe tout le premier plan ; les débris des
mâts et des cordages jonchent le pont, les che-
minées gisent écroulées sur le sable. Tout à coup
l'onde s'agite, et voici qu'apparaissent les scaphan-
driers ; leur casque de cuivre jette de fauves reflets sous l'éclat de leurs lanternes sourdes. Ils
vont à travers les rocs et les débris du navire ; ils
envahissent la coque et sortent bientôt, emportant
la cargaison du navire naufragé.

Au plafond de l'**Aquarium**, par une invraisem-
blable disposition de bacs et de projections lumineuses, on voit l'onde s'agiter, traversée sans cesse
par les ombres gigantesques de poissons mons-
trueux, de sorte que de quelque côté que nous nous
tournions, le spectacle est pittoresque, étrange,
inoubliable.

Entre l'**Aquarium** et le **Palais des Congrès**, on
trouvera deux attractions : l'une est renouvelée de
l'Exposition de 1889. C'est la RUE DU CAIRE.

Des *impresarii* ont pensé que le succès obtenu
il y a dix ans pouvait être prorogé et ils ont ras-
semblé les mêmes éléments orientaux, mais dans
un cadre beaucoup plus restreint. Cependant la
variété des bibelots exposés dans les boutiques
exotiques et les types curieux des Levantins et
des Arabes ne laisseront pas le public tout à fait
indifférent.

L'autre attraction est le **Palais de la Danse**.
Son nom indique sa destination.

D'après le projet qui, nous devons le dire, ne

paraît pas près d'être exécuté définitivement; il contient une salle où il y a 600 places assises et 500 debout. La scène a 9 mètres d'ouverture, 14 de longueur et 10 de profondeur. Six représentations, d'une durée de 40 à 45 minutes, ont lieu chaque jour de 2 à 6 heures et de 8 h. à minuit. On y trouvera en quelque sorte une histoire et une revue de la danse à travers tous les temps et tous les âges, depuis les danses de l'ancienne Egypte et les danses grecques, jusqu'aux danses modernes, françaises et exotiques, en passant par les danses druidiques de la vieille Gaule et les divertissements élégants qui furent les plaisirs favoris de la noblesse française du xvie au xviie siècle. Ces danses sont encadrées dans des divertissements formant un tout homogène et comprenant une action.

Nous sommes arrivés au pont de l'Alma, et le dernier monument qui frappe justement nos regards, c'est le Palais de l'Économie sociale et des Congrès.

C'est une magnifique construction formant un immense rectangle, toute blanche comme une maison algérienne, mais avec un aspect de grandeur sévère.

Dans ce Palais, on ne s'amusera pas précisément. Mais il y a autre chose à faire dans la vie. Ce sera le temple des idées qui s'envoleront de tous les coins de l'univers pour améliorer la condition sociale des déshérités. C'est là qu'auront lieu tous les Congrès que l'Exposition de 1900 a suscités : ils sont assez nombreux pour épouvanter les économistes eux-mêmes.

Comme pour nous arracher à l'obsession des choses trop sérieuses qu'évoque le *Palais des*

Congrès, voici la rue de Paris qui nous attire avec toutes ses séductions boulevardières et fin de siècle.

La rue de Paris commence en face du *Pavillon de la Ville* et se termine place de l'Alma.

Les principaux spectacles ou les principales curiosités qui y figurent sont : la *Maison du rire*, les *Tableaux vivants*, la *Roulotte*, le *Grand Guignol*, le *Théâtre des bonshommes Guillaume*, le *Théâtre des auteurs gais*, le *Manoir à l'envers*, etc.

Retenons trois de ces attractions:

Le **Théâtre des tableaux vivants** a pour objet d'intéresser en même temps les yeux par de belles exhibitions plastiques, les oreilles par l'exécution d'une musique les accompagnant, et l'esprit par la récitation de courts poèmes les commentant. C'est l'inauguration d'un genre absolument nouveau.

Les **Tableaux vivants** sont réglés par le célèbre Melchior Bonnefois dont *la Passion* a fait le tour du monde.

Les poèmes sont d'Armand Silvestre, la musique de M. Alexandre Georges, les décors de M. Charles Toché. C'est donc la plus parfaite réalisation de l'idée primordiale.

Il y a quatre spectacles différents : le *Paradis perdu*, le *Chemin de la Croix*, et deux séries de *Poèmes d'amour*, mettant à la scène les images des amoureux célèbres depuis l'origine du monde jusqu'à nos jours.

Les représentations durent 40 minutes. Le théâtre contient 400 personnes, pour les charmer, et un bar pour les rafraîchir. Comme à Bayreuth, l'orchestre, composé d'exécutants de premier ordre, est invisible.

Les récitants appartiennent au Conservatoire.

Quant aux modèles, ils ont été l'objet d'un choix qui fait de ce spectacle le triomphe de la vérité vraiment artistique et rigoureusement décente.

Les sujets présentés au public sont de ceux qui intéressent l'humanité tout entière, sans exception de nationalité.

La **Roulotte**, qui était devenue une attraction parisienne, a voulu récidiver à l'Exposition.

La salle, coquette et pimpante, a été construite par M. Binet, l'auteur de la Porte monumentale.

Des parades, faites à l'intérieur du théâtre, par les artistes les plus applaudis dans ce genre spécial, tiennent constamment en éveil l'attention et la curiosité de la foule qui se presse dans la rue de Paris.

En des spectacles coupés, renouvelés d'heure en heure, les Parisiens retrouvent le répertoire qui a fait la vogue de la **Roulotte**, mais élargi et accommodé aux exigences d'un public international.

C'est ainsi que les chansons animées, en plusieurs langues, sont mises en scène dans le décor et avec le costume de chaque pays. La musique est composée sur des airs nationaux, et des artistes étrangers l'interprètent.

La **Roulotte** donne encore des danses de caractère par les plus jolies *étoiles* d'Espagne, de Circassie et de l'Extrême-Orient.

Enfin, en dehors de l'audition des chansonniers les plus populaires de Montmartre, la **Roulotte** fait une revue quotidienne, alerte, rapide, gazette parlée par de spirituels artistes.

Passons à l'entreprise, toute parisienne aussi, que nous pouvons considérer comme une des principales curiosités de la **Rue de Paris**.

PLAN II
DU GUIDE ARMAND SILVESTRE
DIDIER ET MÉRICANT Éditeurs
1 Rue du Pont de Lodi PARIS

Avenue Marceau

Avenue du Trocadéro

Avenue de l'Alma

Place de l'Alma

Quai Debilly

VIEUX   PARIS   SEINE

Pont de l'Alma

ARMÉE DE MER   ET DE TERRE

Quai d'Orsay

Administration de l'Exposition

PALAIS   PAVILLONS   DES   PUISSANCES   ÉTRANGÈRES

HORTICULTURE   ET   ARBORICULTURE

VILLE DE PARIS

Portugal

Avenue de la Bourdonnais

Rue de Monttessuy

Avenue Rapp

Rue de l'Université

Rue Saint Dominique

Boulevard de la Tour Maubourg

Restaurants

Façade d'un Louis XV bien modernisé, avec d'agaçantes cariatides et des masques en belle humeur qui s'éclairent la nuit de transparences lumineuses, car ils sont modelés en pâte de verre, voici le **Théâtre des bonshommes Guillaume**. On sait quel artiste fin et plein d'humour est Albert Guillaume. La pensée bien naturelle lui est venue d'animer les légions de bonshommes que son crayon évoque, et de leur faire débiter les spirituelles légendes dont il souligne leurs faits et gestes. Plusieurs spectacles sont, naturellement, offerts au public. En voici un : Salon des plus opulents. Le rideau se lève sur un bal en action, avec ses valseuses et son orchestre, composé de Tziganes. Puis, une partie de concert fait intermède, et nous voyons s'élancer à la rampe une cantatrice qui exécute un grand morceau, avec les roulades obligées. Les yeux se tournent, la bouche s'ouvre, la poitrine se soulève, accompagnant les gestes. La chanteuse est vêtue de soie et de satin, constellée de diamants. Les dames, qui constituent l'opulente assistance, sont costumées avec un luxe analogue, et les brillants cavaliers, qui s'empressent autour de leurs séduisantes épaules, sont revêtus d'habits noirs ou de couleur signés de tailleurs en renom. Le salon est nature. Les décors d'une vérité absolue. Il n'y a pas, même à la Comédie-Française, de mise en scène plus soignée. Puis, vient un spectacle rustique... En somme, très délicate représentation dont personne ne voudra se priver.

Nous sortons de l'Exposition. Nous sommes place de l'Alma.

A l'entrée du pont, en se dirigeant vers le Trocadéro, entre la Seine et le quai de Billy, per-

sonne ne se dispensera de faire connaissance avec
le **Vieux-Paris**, un rêve de M. Arthur Heulhard,
l'érudit bien connu, rêve qui est devenu une
bien curieuse et bien suggestive réalité.

Le **Vieux-Paris** a été construit sur les plans de
MM. Robida et Benouville. Il est situé entre le
pont de l'Alma et la passerelle du Trocadéro. On
entre par la porte Saint-Michel. On admirera
tour à tour, dans l'ordre suivant : le *Portail de la
Chartreuse du Luxembourg*, la *Place du Pré-
aux-clercs*, la *Maison aux piliers*, la *Tour du
Louvre*, la *Maison natale de Molière*, la *Maison
de Théo-
phraste
Renaudot*,
la *Rue des
Vieilles-
Ecoles*, la
*Maison de
Nicolas
Flamel*, la
*Tour du
Collège de
Lisieux*, la
*Maison de
Robert Es-
tienne*, le
Grenier

Le Vieux-Paris(Page 123)

des poètes, la *Porte et le Clocheton des Jacobins*,
le *Cloître du Collège de Cluny*, le *Pilori de Saint-
Germain-des-Prés*, l'*Eglise de Saint-Julien-le-
Ménétrier*, la *Chambre des Comptes de Louis XII*,
la *Grande Cour de Paris*, l'*Hôtel des Ursins*,
l'*Hôtel Coligny*, le *Grand-Châtelet*, le *Pont-au-
Change*, la *Foire Saint-Laurent*, le *Moulin*, la
Grande salle du Palais, le *Grand degré de la*

Sainte-Chapelle, la *Tour de l'Archevéché,* la *Porte et la Rampe du palais,* etc., etc.

Le **Vieux-Paris,** dont l'idée première est de M. Heulhard, se déroule snr le quai de Billy, sur un emplacement de 260 mètres. Rien n'est curieux comme cette longue file de monuments et d'édifices, véritable petite ville, divisée en trois quartiers principaux, et reflétant dans la Seine une profusion de tours et de tourelles, des cloches et des clochetons étagés au-dessus des toits. A côté des splendides palais modernes que nous avons décrits ou que nous décrirons à leur tour, le contraste est du plus vif intérêt pour tout le monde. Pour l'érudit, le lettré; l'archéologue, c'est une sensation rare que, seuls, des artistes d'un goût éprouvé pouvaient leur offrir.

En sortant de la vieille cité où nous avons vécu quelques instants de la vie des aïeux, nous recommençons notre promenade, en suivant toujours le quai, dans la direction du Trocadéro.

Comme pour nous faire songer qu'il y a autre chose que l'histoire rétrospective, un colossal bouillon Duval, qui a l'honneur de faire face au *Palais des armées de terre et de mer,* de l'autre côté de la Seine, nous offre sa carte bien combinée et ses bonnes que l'espérance d'un bon pourboire rend encore plus gracieuses.

A peine avons-nous longé ce palais culinaire, que nous pouvons contempler le **Port des Yachts.** Toutes les embarcations de ce port de plaisance, parfaitement à l'abri, portent des noms connus. C'est une exhibition d'un sport de luxe, inconnu aux bourgeois, mais qui passionne fort les heureux initiés.

Le **Port des Yachts** est dominé par le **Pavillon**

de la Marine marchande, construction assez modeste et qui semble synthétiser ainsi l'état de notre navigation commerciale.

Un **Restaurant colonial**, un **Buffet-Bar**, où l'on a installé une exhibition de *Voyages animés*, sont les dernières haltes que le visiteur affamé ou altéré puisse faire sur le quai. Le pont d'Iéna lui barre la route, le pont d'Iéna qui relie le Trocadéro au Champ-de-Mars.

Nous le franchirons tout à l'heure, mais, plus encore qu'en 1889, le Palais du Trocadéro et ses dépendances méritent d'arrêter l'attention du public.

C'est cette partie, véritablement favorisée de l'Exposition Universelle, qui sera l'objet de notre deuxième chapitre, et le but de notre deuxième promenade.

DEUXIÈME PARTIE

Le Trocadéro. — PLAN III

Les Colonies françaises et étrangères. — Le Palais sibérien. — L'Andalousie aux temps des Maures. — Le panorama de la Mission Marchand — Madagascar.

L'Exposition de 1900 démontre abondamment que l'immense empire colonial de la France, objet de tant d'attaques intéressées et de basses convoitises est, quoi qu'on en ait dit, en pleine évolution progressive, tant au point de vue civilisateur, qu'au point de vue commercial.

L'importante place réservée au Trocadéro aux colonies françaises en est une preuve convaincante.

Voici la situation exacte des expositions coloniales de France ou de l'étranger :

A droite, en regardant du pont d'Iéna, le Palais du Trocadéro :

L'Algérie, la Grande-Bretagne, les Indes Néerlandaises, la République du Transvaal, l'Egypte, le Portugal, la Russie, — Sibérie et Asie Centrale, — la Chine, le Japon, etc.

A gauche, l'Algérie (annexes), la Tunisie, l'Inde, le Sénégal, le Soudan, la Guinée, la Côte d'Ivoire le Tonkin, la Réunion, l'Annam, la Martinique, la Guyane, la Guadeloupe, la Nouvelle-Calédonie, l'Indo-Chine, le Dahomey, etc....

Derrière le palais du Trocadéro, sur l'emplacement du bassin, Madagascar, relié par une passerelle.

Le Congo est annexé à l'aile droite du palais.

A tout seigneur, tout honneur. Le Pavillon de l'Algérie sera un sujet d'orgueil pour tous les Français.

Le temps n'est plus où les corsaires algériens et barbaresques faisaient la loi sur la mer Méditerranée ; les jours sont passés des attaques sauvages des bandits du Sahel ; les anciennes cavernes des gorges de la Chiffa ne retentissent plus des cris stridents des assaillants, ni des coups de feu, ni des hurlements lugubres des chacals et des hyènes attirés par les cadavres.

Une visite au Pavillon de l'Algérie nous montre, en quelques instants, que les coteaux d'où s'élançaient, dans un tourbillon de poussière, les fiers cavaliers du désert, sont maintenant recouverts de vignes florissantes. Les collines du Sahel, d'El-Tetablat et d'Aïn-Sefra produisent des vins renommés, et il n'est pas rare de rencontrer quelque vieil Arabe qui rêve aux anciennes batailles, tout en excitant d'un cri guttural l'attelage paisible des bœufs qui traînent sa charrue.

Le **Pavillon de l'Algérie**, élevé à l'entrée du Trocadéro, prouve la véracité de nos dires.

L'admirable colonie algérienne s'est vraiment dépassée : elle offre, aux yeux des visiteurs stupéfaits, un plan magnifiquement détaillé de ses progrès et de son avenir. Depuis trente ans, la civilisation a marché à pas de géants, les mœurs se sont transformées, l'ère de paix est venue : après la fièvre de la guerre, voici la fièvre du travail.

Le **Palais de l'Algérie** nous donne, en le parcourant, des émotions vraiment patriotiques. Il dresse dans les airs son fin et joli minaret, tout incrusté de briques émaillées et de carreaux de faïence aux tons éclatants et précieux, ses lourdes coupoles à la blancheur lumineuse, ses clochetons légers, au sommet desquels brille le croissant du Prophète.

L'exposition est doublement intéressante : elle comprend une section consacrée aux produits algériens, une exposition des plus beaux spécimens de l'art ancien, et une autre de l'art moderne.

Une section est réservée à une exposition pédagogique : on y voit les travaux des jeunes élèves des écoles algériennes, tant français qu'arabes.

Enfin, des plans descriptifs extrêmement détaillés, des photographies, font connaître par le menu les étonnantes ressources que l'Algérie offre aux colons, les lieux propices aux différentes cultures, les menues habitudes et les occupations coutumières de la vie algérienne.

On a l'impression absolue d'une maison moderne en Algérie, mais la tradition y dispute la place au confort. Les anciens meubles algériens, les coffres en bois de santal précieusement travaillés, les trophées d'armes luisantes, les tapis anciens, les costumes, tout est là.

De larges et profonds divans, placés dans des salles spacieuses et fraîches, offrent au visiteur fatigué leurs coussins moelleux, leurs tapis épais, si harmonieux de couleur.

Une vasque de marbre blanc, placée au milieu de la cour, laisse susurrer un mince jet d'eau, et, d'un palais annexe, réservé aux attractions africaines, viennent les ronflements sourds des tambourins et des *derboukas*.

On a l'illusion fugitive de vivre, pendant une heure, la vie paisible d'un caïd, pendant que du haut d'un minaret le muezzin faisant, selon les rites sacrés flotter sa robe blanche, appelle les fidèles à la prière.

En face du Pavillon de l'Algérie, sur l'allée centrale du jardin du Trocadéro, deux attractions bien couleur locale : un *Stéréorama mouvant* et un Panorama consacré à des scènes de la vie du désert.

A gauche du *Pavillon de l'Algérie*, nous nous trouvons en présence du **Pavillon des colonies anglaises**.

Il a une surface de 20.000 pieds carrés, et se compose de deux étages et de trois cours. L'exposition officielle est très sommaire : elle se borne à des bois et à des minéraux.

Dans la cour centrale, il y a une boutique de thé et un café indien.

Au milieu d'une des cours, dite « *impériale* », on a élevé un trophée en bois sculpté mesurant environ 11 mètres de long sur 3 m. 50 de large. Dans cette gigantesque pièce montée, figurent toutes les essences précieuses qui croissent dans l'Inde.

L'initiative des rajahs et des simples particuliers a suppléé à la pauvreté de l'exposition officielle anglaise par l'envoi des anciennes merveilles artistiques de l'Inde.

Derrière le *Pavillon anglais*, la Russie. Son exposition sera l'un des clous du Trocadéro. C'est le **Palais sibérien** qui la représente. En voici une fidèle description.

A gauche de l'entrée principale de ce palais, se trouve la salle de réception destinée au tsar et aux grands dignitaires de l'Empire. L'architecte a placé cette salle à proximité de l'entrée pour se conformer à l'antique usage russe, qui veut que le premier venu ait accès auprès de l'empereur. C'est ainsi que l'on voit, dans tous les Kremlins, tant à Nijni-Novgorod qu'à Moscou, la chambre du souverain donnant sur la rue, et permettant au dernier des moujiks de venir demander à parler au tsar.

En face de l'entrée principale du **Palais sibérien** une grande cour richement décorée est pourvue d'un restaurant. Dans cette cour, joue l'orchestre du comte Cheremchin, un des premiers de Saint-Pétersbourg.

A droite de cette grande cour, se trouve la salle des apanages de la famille impériale, avec exposition des produits de ses biens : vins, bois et pierres dures. En face, la grande salle de l'Asie Centrale, avec l'exposition des produits sibériens :

bois, tapis, tissus, peaux, et un panorama peint
par Karowine ; puis la salle des pétroles Nobel,
avec diorama de ses usines, les plus importantes
du monde, des vues de Bakou, les temples du feu,
des gerbes de naphte enflammé.

Tous ces paysages sont peints par Schilder.

A gauche, deux salles sont consacrées : l'une
à la Sibérie proprement dite, l'autre au nord de
la Sibérie, dans lesquelles sont exposés tous les
produits de l'Oural et des provinces septentrio-
nales ; fourrures, bois, pierre, or, malachite, etc.
Enfin, trois salles réservées à des expositions
scientifiques : chemins de fer de Sibérie, avec
cartes et maquettes de ponts.

Un petit panorama du docteur Pizertki reproduit
très exactement tout le trajet jusqu'à Vladivostok
avec ses paysages tels qu'ils se déroulent, toutes
les maisons sans exception, les forêts, villes,
tout en un mot. Ce panorama demande trois heures et demie pour être déroulé d'un bout à l'autre.

Il y a, au premier étage, le panorama du couronnement, peint par Gervex, et un restaurant où
les dîners, composés pour la majeure partie de
plats nationaux, sont servis par des Russes en
costumes.

Une entrée à part, sous la tour de l'Horloge, à
gauche, donne accès à l'Exposition du train
transsibérien. Ce train, composé des voitures destinées au service entre Moscou et la Chine, est
construit par la Compagnie des Wagons-Lits et
des Grands-Express-Européens. Le public peut
monter dans ces voitures et, pendant qu'il est con-
fortablement assis, il voit par les fenêtres du train
se dérouler, par un habile artifice, tout le paysage
compris dans le trajet. Il traverse les villages et
les villes, passe sur des ponts, voit se dérouler

les chaînes de montagnes ; et, finalement, quand le train s'arrête et quand il descend de wagon, il sort par une porte opposée à celle par laquelle il est entré et se trouve en Chine, dans une gare chinoise.

Le Palais sibérien représente une ville russe, dont toutes les constructions s'appuient à des tours et à des murs. Au centre de la ville, s'élève une grande tour de 57 mètres, construite en briques et couverte d'une toiture en majolique polychrome. Toutes les façades sont très richement décorées de majoliques, et les voûtes sont peintes avec des motifs relevés sur les plus célèbres monuments de Russie.

Le Pavillon chinois est tout voisin. Une convention est intervenue entre le Céleste-Empire pour que le chemin de fer transsibérien passât d'une concession dans l'autre. C'est ce qui a eu lieu.

Le Japon n'est représenté, au Trocadéro, que par un jardin qui comprend des constructions rustiques avec une pièce d'eau garnie de plantes aquatiques.

Il mérite d'être visité. Ceux de nos lecteurs, qui connaissent les romans orientaux de Pierre Loti, s'y plairont tout particulièrement.

Les Colonies hollandaises ont exposé ,entre la Grande-Bretagne et la Chine, un peu plus à gauche de la grande allée du Trocadéro.

L'Exposition des Indes Néerlandaises occupe au Trocadéro une surface de 2 300 mètres, avec 80 mètres de façade sur le bassin du Trocadéro.

L'ensemble de l'Exposition comprend trois constructions distinctes : au milieu, en retrait, le

plus remarquable spécimen de l'architecture hindoue à l'île de Java, le temple de Tjandi-Sari;
à gauche et à droite, du côté nord et sud, deux

Pavillon de l'Équateur.

reproductions des maisons très décoratives des
indigènes du haut plateau de Padang, à l'île de
Sumatra.

Le temple de Tjandi-Sari a une hauteur de 23
mètres, une largeur de 17. Les moulages des
sculptures et des motifs d'ornementation ont été
pris sur le temple à Java, et les parties tombées
en ruines ou détruites par le vandalisme des Chinois ont été restaurées avec un grand soin artistique. Par son ordonnance imposante, par son or-

nementation d'une prodigieuse richesse, mais toujours d'une pureté absolue, par la profusion de ses statues et de ses bas-reliefs, le temple de Tjandi-Sari peut être considéré comme l'idéal de l'architecture hindoue : tous ses fragments, vestiges vénérables d'une civilisation et d'un art disparus, forment isolément des objets d'art inédits, dont jusqu'à présent aucun spécimen n'avait été introduit en Europe.

Dans l'intérieur du temple, on admirera les morceaux les plus précieux de l'architecture et de la sculpture hindoues à Java. Au fond, s'élève le grand portique du temple de Boro-Boudhour, dont les formes gracieuses et élancées sont merveilleusement ornées. La paroi, à droite, est occupée sur une longueur de 10 mètres par une reproduction, d'après nature, d'un fragment du temple de Prambanam, au milieu duquel est représenté le lion légendaire entre deux arbres sacrés.

Les deux pavillons dont nous avons parlé, types de constructions indigènes, contiennent : le pavillon nord, les modèles de fortifications dans les colonies néerlandaises, de matériel de campement, d'hôpitaux militaires, d'établissements de la marine et une belle collection de cartes et de photographies.

Le pavillon sud contient des Expositions ethnographiques, minéralogiques et agricoles, et enfin le panthéon des dieux hindous adorés par les populations actuelles de Bali et de Lombol, composé de 70 grandes statues, richement décorées.

Par la différence du niveau des terrains de l'Exposition, il a été possible de ménager, dans la partie en dessous de la salle d'Exposition du pavillon sud, une salle de théâtre, où une troupe de danseuses et de musiciens javanais donnent d'intéressantes représentations, tandis que les visiteurs pourront apprécier les produits des plantations coloniales par la consommation sur place de thé et de café.

Enfin, sur la partie gauche du jardin du Trocadéro, par laquelle nous avons commencé notre promenade, la République Sud-Africaine, qui, en ce moment lutte si vaillamment pour son indépendance, a voulu prendre part à nos grandes assises industrielles.

Tout le monde voudra voir l'**Exposition du Transvaal**. Le terrain qui lui est concédé est limité par l'avenue d'Iéna et la concession de la Russie. C'est là que trois pavillons et une *ferme boër* ont été érigés par M. Heubés.

Le principal pavillon qui longe l'avenue d'Iéna comprend un vaste hall au rez-de-chaussée et un étage formant galerie : il contient l'exposition des divers services de l'Etat, tels que l'instruction publique, les travaux publics, le département de la guerre, les postes et les télégraphes, l'imprimerie nationale, plus une exposition ethnographique, vêtements, ustensiles, armes des Cafres et des indigènes, photographies, etc... A noter une exposition très complète des minéraux du pays.

La *ferme boër*, de construction primitive, contient cinq pièces. La porte d'entrée, en bois brut, donne accès à une sorte d'antichambre au fond de laquelle se trouve la cuisine, avec four à pain. A gauche, une pièce où la famille prend ses repas. A droite, deux pièces qui communiquent. La première sert de chambre à coucher, la seconde, qui a une porte sur le fond, sert de réduit ou d'écurie. L'ameublement et les ustensiles de la *ferme boër* sont du pays transvaalien.

Les deux autres pavillons sont entièrement consacrés à l'industrie minière.

Nous avons fait le tour de la moitié des jardin du Trocadéro.

A gauche, en regardant le centre de ce Palais, voici d'abord l'**Exposition tunisienne.**

Elle est très bizarrement répartie, de façon à donner la même impression de couleur locale que l'Algérie, sa voisine.

Rien de curieux comme ses vieux *Souks* tunisiens, peuplés de cafés arabes, de selliers, de vendeurs d'étoffes, etc.

Ce qui frappera surtout dans l'EXPOSITION TUNISIENNE, c'est le bel ensemble de constructions orientales, où l'on admirera tous les produits de la merveilleuse colonie dont la possession a inauguré, après nos revers, l'ère de notre renaissance nationale.

Derrière l'*Exposition tunisienne*, nous rencontrons le **Pavillon du Soudan**, construit par M. Scellier de Gisors. Ce pavillon est consacré au Soudan, pour deux tiers, et au Sénégal, pour un tiers.

Le bâtiment, qui est d'un style original soudanais, s'élève en bordure du quai. Il contient une exposition tout à fait remarquable des produits de notre colonie africaine, exposition complétée par des travaux graphiques et statistiques du plus haut intérêt. La richesse de ces deux colonies y est facilement démontrée par les produits de toutes natures, tant manufacturés que naturels, qui y trouvent place. Une curieuse exposition d'armes, d'étoffes et d'objets usuels, fabriqués par les indigènes, attirera là certainement nombre de curieux que passionne la vie du colon dans les possessions françaises.

PLAN III

DU GUIDE ARMAND SILVESTRE
DIDIER ET MÉRICANT, Éditeurs
1. Rue du Pont de Lodi, PARIS

Restaurant

Place du Trocadéro

MADAGASCAR

Avenue du Trocadéro

R. Vineuse

Panorama
Mission Marchand

PALAIS DU TROCADÉRO

Rue Franklin

CONGO

CAMBODGE

Nelle CALÉDONIE

EXPOSITION DU MINISTÈRE

ALLIANCE FRANÇAISE

COCHINCHINE

ANNAM

ANCIENNES COLONIES

Guyane
Martinique
Guadeloupe
Réunion

TONKIN

DIORAMA

SIBÉRIE ET ASIE CENTRALE

CHINE

TRANSVAAL

INDES NÉERLANDAISES

TRANSVAAL

COLONIES PORTUGAISES

MOBILIERS DE FRANCE

av. Delessert

COLONIES ET PROTECTORATS FRANÇAIS

COLONIES ÉTRANGÈRES

Rue de Magdebourg

R. Chardin

R. Le Nôtre

SUISSE COLONIALE

CÔTE-D'IVOIRE

GUINÉE

DAHOMEY

SÉNÉGAL SOUDAN

INDES ANGLAISES ET FRANÇAISES

TUNISIE

SÉNÉGAL SOUDAN

ALGÉRIE

GRANDE BRETAGNE

ÉGYPTE

JAPON

Ch. de Commerce

Rue du Magdebourg

L'ANDALOUSIE AU TEMPS DES MAURES

ANNEXE DE L'INDO-CHINE (ET DE MADAGASCAR)

Restaurant

Restaurant

SEINE

Navigation de Plaisance

Un peu à gauche, l'Inde. Une croyance un peu erronée existe en France. On pense généralement que nos colonies de l'Inde n'ont aucune importance. L'exposition de l'Inde française démontre l'inanité de cette opinion. Si l'étendue des territoires concédés à la France, après la ruine de l'œuvre colossale de Dupleix, n'est pas, en effet, d'une extrême importance, la valeur économique et commerciale de ces territoires est, par contre, fort grande, et le nombre des colons d'extraction française, qui habitent les environs de Pondichéry, en serait une preuve, s'il était besoin de la fournir.

Le public assistera à une intéressante reconstitution de nos établissements à Pondichéry, Chandernagor, Mahé, Karikal, Yanaon, avec les mœurs de l'Inde, sa vie, ses coutumes et la vie religieuse, familiale et industrielle des colonies. — Le principal édifice de l'Inde française est une pagode de Vischnou, due à M. Alphonse Simil, le savant restaurateur de l'un des plus beaux temples brahmaniques, antérieur à l'invasion musulmane. Le dô-

Pagode de Vischnou. (Page 138.)

me central s'élève à plus de 150 pieds, et c'est sur des moulages pris sur les lieux mêmes, que les détails d'architecture sont reproduits. On assiste, dans cette pagode, à de somptueuses cérémonies du culte de Vischnou que les brahmines célèbrent avec le concours de bayadères. Rien n'est plus gracieux ni plus suggestif que ces danses religieuses, tout à la fois hiératiques et voluptueuses, tour à tour hardies et chastes, qui ne ressemblent en rien aux exercices chorégraphiques, dont les visiteurs de l'Exposition de 1889 ont eu des spécimens de tous les genres, surtout du mauvais genre. Les bayadères, qui y prennent part, appartiennent au plus beau type féminin du globe ; elles sont jolies, bien faites, gracieuses, aussi blanches de teint que les Européennes. Elles ont un goût exquis, se couvrent de bijoux, mais usent modérément de fards, et s'enveloppent d'étoffes soyeuses avec une élégance infinie.

Après ce spectacle semi-profane, semi-religieux, on assiste aux exercice hardis des charmeurs de serpents. — Ce n'est pas tout en ce qui concerne la pagode. Une large crypte en occupe le sous-sol, et dans cette crypte, musée de cire, on se trouve en présence de tous les personnages, de toutes les scènes dramatiques qu'engendre le fanatisme hindou : *fakirs* adoptant et gardant pendant des années des attitudes douloureuses pour gagner le Ciel, *yogis* s'imposant les plus cruels supplices pour se rapprocher de Brahma, sectateur de Kali et de Chiba se martyrisant en l'honneur des sanglantes divinités; pénitents volontaires se faisant écraser sous les roues du char de Djaggernat, Thugs se livrant à d'épouvantables crimes, veuves acceptant le *suttee*, c'est-à-dire la mort par les flammes, enfin tout ce qui naît de la superstition et de l'attachement aux vieilles croyances du culte brahmanique.

Cette section contient encore un palais d'exposition pour tous les produits naturels ou manufacturés de nos établissements de l'Inde. Des artistes indigènes y travaillent sous les yeux du public les matières d'or et d'argent, les bijoux, les armes, les tissus. Il y a enfin un restaurant où l'on peut goûter aux boissons et aux mets hindous, et où les Tziganes, utilisés ailleurs, sont remplacés par de jolis musiciennes indigènes.

Puisque nous sommes en pleine attraction, ne quittons pas cette partie du Trocadéro. Après l'Exposition de la Tunisie et du Soudan, du côté de l'ouest, l'Andalousie au temps des Maures, nous charmera certainement pendant quelques heures.

Avec cette magnifique reconstitution, on peut revivre la civilisation arabe du xve siècle, qui brilla d'un si vif éclat dans le sud de l'Espagne. Pour cela, les promoteurs de l'entreprise n'ont eu qu'à puiser à pleines mains dans les merveilleux trésors d'architecture mauresque que nous ont conservés les monuments de Cordoue, de Séville, de Grenade, et à en combiner les effets de façon à donner le cachet le plus pittoresque, sans rien sacrifier de la vérité historique.

Au sein de l'architecture mauresque, s'agite tout un monde reproduisant les scènes qui se passaient en Andalousie avant que les Espagnols eussent reconquis le royaume de Grenade. On devine la variété des spectacles que comporte un pareil programme.

L'emplacement des monuments reconstitués de l'Andalousie au temps des Maures occupe un terrain de 5,000 mètres. Cette attraction fait partie de l'Exposition officielle.

Son entrée est une reproduction exacte de la célèbre porte à auvent de l'Alcazar de Séville. Cette porte, de près de 15 mètres de hauteur, est remarquable par sa décoration or, rouge et bleu. Elle donne entrée dans un vaste *patio* de plus de 300 mètres carrés, servant de cour d'honneur. On s'est inspiré pour l'architecture de ce *patio*, de deux cours semblables qui se trouvent à l'Alcazar de Séville. La décoration de cette cour est entièrement blanche ; mais le soir, par un procédé spécial, les légères dentelles des arcades s'illuminent de mille couleurs.

Les murs sont revêtus des célèbres *azuletos* ou carreaux de Séville, copie fidèle des carreaux des palais maures.

Du *patio*, le public peut se rendre : à la *piste* où se donneront les tournois, au *Village espagnol*, au théâtre des danses et des chants andalous, au quartier des *Aïssaouahs*, des *Hamadcha*, des *Ouled-Naïl* et des *Juives* de Tanger.

La piste, qui a 60 mètres de longueur sur 15 de largeur, se prête à tous les genres de spectacles. Elle est principalement destinée à des fantaisies, à des tournois entre Maures et chevaliers chrétiens, à des chasses à la gazelle avec *sloughis* ou lévriers arabes, à l'attaque d'une caravane par les Touaregs, aux cérémonies d'un mariage gitane. Sur les gradins, plus de mille personnes pourront être assises.

Le quartier des *Aïssaouahs* est composé de gourbis et de boutiques mauresques où sont reconstituées les industries les plus curieuses du nord de l'Afrique. C'est une plate-forme de 50 mètres carrés, autour de laquelle le public peut cir-

culer. Là, se livrent à leurs exercices bizarres les
Hamadcha, les Aïssaouahs, charmeurs de serpents, mangeurs de verre, qui dansent au milieu
du feu et se plantent des clous dans le crâne. Pour
ceux qui préfèrent le suave au terrible, les danseuses juives et Ouled-Naïl déploient toutes leurs
grâces en de brillants costumes.

Le *Village espagnol* est une place entourée de
vieilles maisons, dont les façades reproduisent
exactement celles de maisons authentiques copiées
à Cordoue ou à Tolède. Des artisans espagnols
s'y livrent aux pittoresques métiers de la pénin-
sule, passés ou actuels. Une auberge espagnole,
la *posada de Cervantès*, complète la couleur locale en offrant aux amateurs les mets les plus
appréciés des Castillans : arroz à la Valenciana,
garbanzos, pastalillos, chocolat à la vanille, etc.

Le *théâtre* peut contenir plus de 000 personnes.
On y assiste à une centaine de danses espagnoles
variées, on y entend les chants du terroir et on y
voit défiler les types de la beauté féminine trans-
pyrénéenne.

Il nous offre les *Seguidillas Manchegas*, danse
classique de la Manche. Il n'y a pas, en Espagne,
de danse populaire plus caractéristique que les
Seguidillas. Une grande variété dans les figures,
une grâce modeste et beaucoup d'entrain sans
licence, font de ce pas un divertissement populaire des plus honnêtes et des plus gais.

Un restaurant élevé entre la piste et le village
espagnol permet aux consommateurs d'assister
aux représentations qui ont lieu à droite et à gauche, sous leurs yeux.

N'oublions pas une reconstitution de la fameuse
Giralda de Séville, tour mauresque, complétée
dans sa partie supérieure par la Renaissance espa-

gnole, qui porte à 65 mètres de hauteur sa statue dorée tournant à tous les vents.

Bien d'autres détails contribueront à compléter cette mise en scène rétrospective : par exemple, les grottes imitées de celles du Monte-Sacro de Grenade, où des Gitanes, diseuses de bonne aventure, tirent l'horoscope des passants en consultant les tarots ou le marc de café.

Enfin, un musée de peintres orientalistes, des expositions d'art oriental, des concours d'art entre ouvriers indigènes, une exposition tauromachique, donneront satisfaction aux plus exigeantes curiosités.

Revenons à nos colonies. A deux pas, au-dessus de l'emplacement réservé à la Tunisie, nous visiterons l'**Exposition du Tonkin**.

Au milieu de cette exposition, figure une reproduction minutieusement exacte de la pagode de Tino-Loun. Dans cette pagode, sont célébrées en grande pompe, et avec l'appareil des fêtes solennelles, les cérémonies religieuses du culte bouddhique. Il y a, en outre, un *pnomh*, sorte de montagne sacrée de dix mètres de haut qui, en Asie, sert de monument funéraire.

Plus importante encore est l'**Exposition de l'Indo-Chine**.

Il est vrai qu'elle comprend quatre sections attribuées aux pays constituant ce groupe, c'est-à-dire à la Cochinchine, au Cambodge, à l'Annam et au Tonkin, dont nous venons de parler spécialement.

Le Cambodge a une attraction spéciale : le théâtre *indo-chinois*.

Tout ce que l'art cambodgien a produit d'original et de curieux se retrouve là dans toute sa pureté et son originalité.

Le bâtiment du **Théâtre indo-chinois**, avec ses formes asiatiques et ses couleurs vives, est d'un effet des plus heureux. C'est l'œuvre de M. de Brossard. Les plus grands sacrifices ont été faits pour la troupe, car on n'a amené à Paris que des sujets de premier ordre. Il y a 60 exécutants. L'habileté des musiciens, la grâce et la beauté des danseuses font merveille.

Les représentations cambodgiennes, très variées, sont les mêmes qu'on donne au théâtre du roi du Cambodge, à Pnom-Penh.

Le bazar chinois, dont l'entrée est libre, ne contient que des objets d'origine authentique : bronzes, vannerie, poterie, bois sculptés et laqués, armes, étoffes aux couleurs vives et chaudes, tableaux et meubles originaux de l'art cambodgien et annamite.

Cette partie de l'Exposition comprend encore : restaurant, bar, boutiques d'indigènes, et un aquarium renfermant les espèces de poissons et coquillages les plus rares.

De l'autre côté de la route, voici l'exposition particulière de quatre petites, mais fort intéressantes colonies, Saint-Pierre et Miquelon, la côte des Somalis, Mayotte, les Comores et îles de l'Océanie, Taïti et dépendances.

Un peu plus haut, se trouve un pavillon commun à quatre autres colonies françaises : la Martinique, la Guyane française, la Réunion et la Guadeloupe.

Au-dessus, s'élèvent encore divers pavillons : Il convient de citer entre autres l'**Exposition du Ministère des Colonies**, le Pavillon de la Presse coloniale et enfin l'Exposition du dahomey. Dans cette dernière, on voit une imposante reconstitution de la tour d'Abomey, lugubrement célèbre par les sacrifices humains qu'y faisaient Béhanzin et ses prédécesseurs, celle des murailles de Kotonou et de la fameuse porte que le général Dodds ne put faire briser, même à coups de canon.

Le **Pavillon du Ministère des Colonies** est placé à la partie supérieure de l'avenue qui longe le bassin central. C'est à cet endroit que se réunit une commission spéciale scientifique, à la tête de laquelle se trouve placé M. Charles Roux, délégué des Affaires étrangères et des Colonies à l'Exposition universelle de 1900. Cette commission est chargée de la publication des ouvrages économiques et statistiques des colonies françaises, avec renseignements sur la main-d'œuvre des produits, le prix de revient et les industries de chaque possession. M. Dubois, membre de cette commission, est chargé de l'histoire des colonies, depuis l'origine de la conquête jusqu'à nos jours, M. Terrier, de l'historique des vingt-cinq dernières années et M. Pellet, d'un atlas complet de nos possessions actuelles.

Au-dessus du *Pavillon du Ministère des Colonies*, il y a encore à visiter une splendide serre qui renferme les plus merveilleux échantillons de la flore équatoriale.

En regagnant l'allée centrale, on ne négligera pas de pénétrer dans le **Monde souterrain**, très curieuse exposition géologique et archéologique, installée à grands frais au-dessous du bassin du Trocadéro.

A signaler encore dans les jardins, l'**Exposition du Congo**, où sont réunis les différents produits de cette mystérieuse région.

Il faudra sortir du *palais du Trocadéro* pour trouver, à droite :

Le Panorama du Congo ou Panorama de la mission Marchand excite en même temps notre imagination et notre patriotisme. Il raconte, pour nos yeux, la mission célèbre et populaire du vaillant officier que Paris et la France reconnaissante ont reçu en pacifique triomphateur.

Rien de plus instructif et de plus émouvant que de voir se dérouler, dans le vaste cadre du centre africain, la marche du plus hardi explorateur, de ses officiers et de ses soldats, à travers les immenses forêts du continent noir, coupées de ravins et de torrents.

Le voici d'abord en pleine brousse, dans le Monzouba. Successivement défilent sous nos yeux le capitaine Baratier et le peintre Castellani sur le Niari, peuplé de caïmans, le combat à la caverne de Macabandilou, les rapides de Pool, l'incendie d'un village révolté sur la route de Mayenga, une course sur l'Oubanghi, les marais du lac Nô. Il y a là, dans cette série d'images saisissantes de réalité, toute l'épopée de la mission du commandant Marchand.

L'une des pages les plus dramatiques, et qui sera le plus justement admirée, est le spectacle d'une tornade dans les rapides de l'Éléphant.

Il donne l'impression profonde des obstacles inouïs que la nature, aussi terrible que les hommes, a suscités à nos courageux compatriotes et qu'ils ont vaincus.

Le douzième tableau représente l'entrevue de Marchand avec le Négus.

C'est en dehors du palais du Trocadéro, auquel

elle est reliée par une passerelle, que l'Administration a placé l'**Exposition de Madagascar.**

Cette situation exceptionnelle ne nuira pas sans
doute à son succès qui intéresse aujourd'hui tous
les Français.

La forme circulaire qu'affecte l'édifice consacré
à l'Exposition de Madagascar a été imposée par
la délimitation du terrain qui n'est autre que le
grand bassin de la place du Trocadéro. La
construction est reliée au palais de ce nom par
une passerelle, qui aboutit au premier étage. La
distribution est très simple. Au centre, une vaste
plate-forme, entourée d'une toile peinte en panorama, représentant la prise de Tananarive, œuvre
de M. Tynaire. Encerclant le panorama, les galeries extérieures renferment les expositions proprement dites de l'île, tant en matières premières
qu'en objets manufacturés. Au rez-de-chaussée,
les échantillons les plus typiques de la faune et
de la flore. Le spectateur peut circuler autour
d'une grande pièce d'eau, sur laquelle s'élève une
île escarpée. Là, parmi les roches et le buissons,
sont groupés, en pièces naturalisées, les animaux,
les oiseaux de tout genre, tandis que de la pièce
d'eau émergent des crocodiles de grande taille,
hôtes ordinaires des rivières de Madagascar.

A l'extérieur, sur la place elle-même, s'alignent
des huttes et des paillottes, formant une collection
complète des modes d'habitations usités par les
différentes populations de l'île, et dont la variété
est considérable ; les unes sont en pisé ou en tor-
chis, d'autres en bois et en écorce, certaines sont
exclusivement construites en nattes grossières de
latanier.

TROISIÈME PARTIE

Le Champ-de-Mars. — PLAN IV

La Tour Eiffel. — Le Palais de la Femme. — Le Mareorama. — La Grande Lunette. — Venise à Paris. — Le Grand Globe Céleste. — Le Tour du Monde. — Le Palais du Costume. — Le Palais Lumineux Ponsin. — Palais des Sciences et Arts, de l'Enseignement, du Génie Civil, des Tissus, de la Métallurgie. — Le Château d'Eau. — Le Palais de l'Electricité. — La Salle des Fêtes. — La Grande Roue. — Le Village Suisse.

Pour suivre avec profit notre troisième promenade, le lecteur n'a qu'à se placer sur le pont d'Iéna, faire face à la Tour Eiffel et à nous suivre.

Le Champ-de-Mars, par son immensité, devait être le centre de l'Exposition comme il l'a été dans toutes les Expositions précédentes.

En 1900, il est plus attrayant que jamais.

La Tour Eiffel est le gigantesque clocher d'une ville d'attractions plus séduisantes et plus extraordinaires les unes que les autres.

Une simple énumération suffira :

A gauche, le *Palais de la Femme*, le *Maerorama Hugo d'Alési*, le *Grand Globe Céleste*, — au dehors de l'Exposition, mais si près ! — le *Palais* de l'Optique, *Venise à Paris*, la *Cour des Mira-cles*, etc., etc.

A droite, le *Tour du Monde*, le *Palais du Cos-tume*, le *Palais lumineux Ponsin*, etc., etc.

Dans l'axe de la Tour, terminant de splendides jardins, le *Chá-teau-d'Eau* et le fulgurant *Palais de l'Electricité*, qui nous cache la merveilleuse *Salle des Fêtes*.

La Tour Eiffel est déjà ancienne, mais beaucoup de Français et beaucoup d'étrangers la verront cette année pour la première fois. C'est à l'intention de ces derniers, que nous donnerons quelques détails sur une construction unique au monde.

Les premiers travaux commencèrent le 28 janvier 1887. Une armée de terrassiers entreprit

Tour Eiffel. (Page 149)

les grandes fouilles au fond desquelles les quatre pieds de l'immense tour devaient trouver leur appui. L'emplacement, au bord de la Seine, était occupé par un square, et il fallut d'abord commencer par déraciner les arbres, enlever la terre végétale, enfin aménager le chantier. Ce chantier était considérable puisque la tour occupe une superficie de 16,000 mètres carrés. La **Tour Eiffel** forme un carré de 129 m. 22 c. de côté : elle occupe donc plus d'un hectare de superficie.

Le phare de la **Tour Eiffel** a une puissance égale à celle des feux de première classe établis sur les côtes de France pour le service de la marine. Indépendamment de ce phare qui, par un système très curieux de verres tournants, promène ses feux sur les différents points de la surface d'un cercle de 70 kilomètres de rayon, deux appareils projecteurs d'une grande puissance permettent de lancer, pendant la nuit, des faisceaux lumineux sur les monuments de Paris.

Tout le monde remarquera, presque au pied de la Tour, un pavillon, en style russe, qui a été érigé par les soins de l'Administration de l'alcool de Russie. Le visiteur peut s'y rendre compte de l'organisation et du fonctionnement de la vente des boissons alcooliques. On sait que c'est là une des grandes réformes morales et fiscales de l'Empereur Alexandre III et de son fils, le tsar actuel.

Nous avons mentionné le **Pavillon de l'alcool** pour rendre un hommage à la sobriété.

Et maintenant, l'heure des distractions est venue.

Nous entrons au **Palais de la Femme.**

Toutes les Parisiennes voudront parcourir ses galeries où sont réunies toutes les attractions qui peuvent séduire la femme. On y voit, entre autres choses, le travail de la femme à toutes les époques et dans tous pays, depuis le plus simple et le plus grossier jusqu'au plus artistique. Des ouvrières spéciales sont venues des contrées d'origine. C'est en même temps une revue industrielle des plus intéressantes et un pittoresque assemblage des costumes nationaux les plus divers.

Jamais aucune Exposition n'aura été aussi fertile en panoramas. Il est vrai de dire que ce genre de peinture a fait des progrès immenses et l'amour des voyages est si répandu que ceux qui ne peuvent pas le satisfaire seront heureux de se les payer sans de coûteux déplacements.

Le chef-d'œuvre de ces panoramas est certainement le **Mareorama**.

M. Hugo d'Alesi, l'auteur du **Mareorama**, a créé le tourisme dans un fauteuil ; il a installé la Méditerranée au Champ-de-Mars.

Le **Mareorama**, exactement *vision de la mer*, tient le milieu entre le panorama et la féerie. Renouvelant l'art du panorama comme il a renouvelé celui de l'affiche de paysage, Hugo d'Alesi anime son spectacle par une action variée à laquelle le spectateur lui-même est mêlé. Le **Mareorama** donne l'illusion complète d'un voyage de Marseille à Sousse, Venise, Naples et Constantinople.

Les spectateurs, ou plutôt les voyageurs, sont placés sur le pont très exactement reproduit d'un steamer : mâture, agrès, cheminée fumante, équipage exécutant la manœuvre au commandement d'un capitaine. Le signal du départ est donné, les ancres sont levées, la sirène siffle, les flots bouillonnent autour des flancs du navire. En même temps, fuit à l'arrière le panorama si vivant de Marseille et commencent de se dérouler des deux côtés du navire, à tribord et à babord, les toiles hautes de 15 mètres, longues de 1000 représentant, avec la perfection que l'on peut attendre du pin-

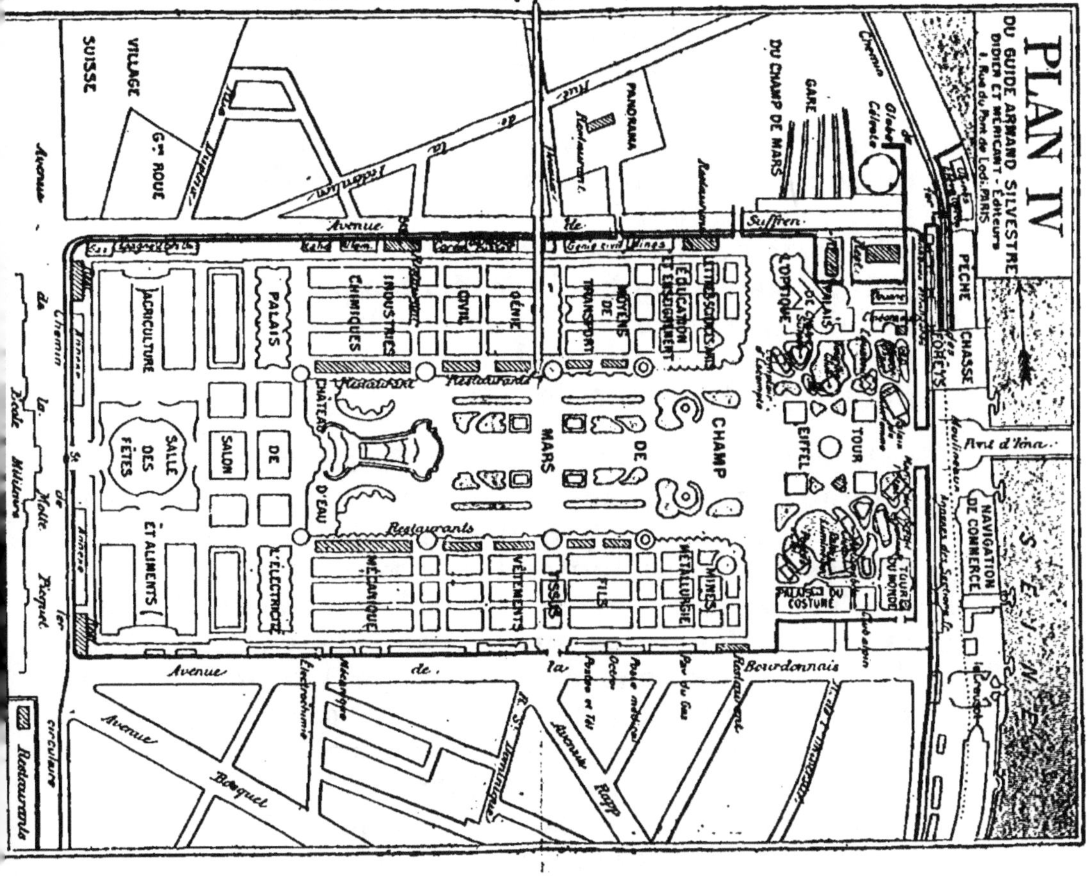
PLAN IV
DU GUIDE ARMAND SILVESTRE
DIDIER ET MÉRICANT - Éditeurs
1, Rue du Pont de Lodi, PARIS
PÊCHE
CHASSE
FORÊTS
NAVIGATION DE COMMERCE
SEINE
Pont d'Iéna
TOUR EIFFEL
CHAMP DE MARS
PALAIS DU COSTUME
TOUR DU MONDE
GARE DU CHAMP DE MARS
PANORAMA
VILLAGE SUISSE
Gde ROUE
Avenue de Suffren
Avenue de la Bourdonnais
Avenue de la Motte Picquet
Avenue Bosquet
Avenue Rapp
Avenue circulaire
PALAIS AGRICULTURE
SALLE DES FÊTES
SALON
ET ALIMENTS
PALAIS DE L'ÉLECTRICITÉ
CHÂTEAU D'EAU
INDUSTRIES CHIMIQUES
GÉNIE CIVIL
MOYENS DE TRANSPORT
ÉDUCATION ET ENSEIGNEMENT
MÉCANIQUE
VÊTEMENTS
TISSUS
FILS
MINES MÉTALLURGIE
OPTIQUE
Restaurants
Restaurants

ceau d'Hugo d'Alesi, tous les sites et tout le décor du voyage.

Placé sur un pivot sphérique, le navire est actionné par quatre pistons, à l'avant et à l'arrière, qui lui impriment les mouvements de roulis et de tangage. Ils peuvent atteindre l'intensité nécessaire pour donner l'illusion d'une tempête que les belles visiteuses peuvent, à l'abri du pont, contempler par les hublots, et c'est l'un des épisodes les plus goûtés du voyage qui en offre d'autres pleins d'intérêt : effet de nuit, effet d'aurore, rencontre d'une escadre, scènes locales, embarquement d'un bateau turc à Sfax, bateliers et batelières escaladant le navire et dansant la tarentelle à l'escale de Naples, etc., etc.

Une vaste symphonie, exécutée par un orchestre invisible, variée et comme teintée de couleur locale sous chaque ciel, se déroule d'un bout à l'autre de la traversée.

Derrière le *Mareorama*, le **Palais de l'Optique** où une attraction sensationnelle retiendra tous les visiteurs. Le seul projet a fait pendant plusieurs années l'objet de toutes les conversations.

C'est à M. François Deloncle que nous devons la réalisation de ce projet, soumis en 1892. Il a donc fallu sept ans pour le mener à bonne fin. La *Lune à un mètre*, telle est la formule populaire dont on s'est servi pour désigner la **Grande lunette de l'Exposition de 1900**. Ce qui est scientifiquement admis, c'est qu'elle rapproche la lune à 67 kilomètres : c'est déjà bien joli. Le plus grand télescope connu, celui de Chicago, avait une lentille de 1 m. 05 ; or, la lunette de M. Deloncle a 1 m. 15, en diamètre. Jusqu'à présent, les plus gros grossissements obtenus atteignaient 4.000.

Avec la GRANDE LUNETTE DE L'EXPOSITION DE 1900, ils sont de 6000! C'est une œuvre de science et de vulgarisation qui fait le plus grand honneur à son promoteur, et l'on peut dire que, pendant les travaux d'installation, tous les visiteurs des chantiers ont sollicité M. Deloncle, pour être fixés avant l'ouverture. La lune a toujours préoccupé la terre.

Après l'astronomie, la géographie; mais la géographie historique et romanesque, car il s'agit de Venise!

Voici la belle et étincelante évocation de **Venise à Paris** qui jette dans le Champ-de-Mars la note d'un autre ciel et d'un autre âge.

A première vue, on reconnait cette *Piazza* de la célèbre et opulente cité des Doges, restée intacte comme pour attester son ancienne splendeur.

Aucune ville du monde n'a été plus admirée, ni plus célébrée par les poètes et les peintres.

C'est Ziem, le peintre des ciels et des paysages vénitiens, qui a fait flamboyer la radieuse image de *sa* ville dans l'affiche qu'il a consacrée à cette artistique attraction. C'est également le grand artiste, qui vit presque dans une forteresse, à Montmartre, et qui est sorti de sa solitude pour constituer le Musée dont ses tableaux sont les plus belles œuvres.

Le panorama qui se déroule dans l'intérieur du palais est de M. Olive, un éminent peintre marseillais, lauréat de tous les Salons où il a présenté de splendides paysages.

Telle qu'elle s'offre au regard, **Venise à Paris**, est d'une fidélité et d'un relief si pittoresque, qu'elle provoquera l'enthousiasme des milliers de visiteurs qui ont vu la « perle de l'Adriatique » ou de ceux qui ne l'ont entrevue que sur les gravures ou les images.

Palais, églises, prisons ont été reproduits avec une ampleur, une richesse auxquelles l'orgueil de l'Italie elle-même a rendu hommage. On vit à Venise sans quitter Paris : on y entre ébloui, on en revient charmé.

Après *Venise à Paris*, à visiter : Le **Panorama des Transatlantiques**, où l'éminent artiste Poilpot évoque toute l'Algérie en tableaux d'une couleur ensoleillée.

Des curieux spectacles que nous venons d'indiquer, nous ne saurions détacher le **Grand Globe céleste**, bien qu'il se trouve hors de l'Exposition. Mais les courses seront si longues et si fatigantes, car rien ne fatigue comme l'admiration continue, qu'il sera bon de profiter de son passage dans cette partie du Champ-de-Mars pour admirer la création de M. Reclus.

Le **Grand Globe céleste**, est certainement une des productions les plus originales et les plus curieuses de l'Exposition. Par son caractère scientifique, par ses dimensions colossales, par son aspect inattendu, l'édifice commande l'attention de tous, et il offre un véritable délassement au milieu des fatigues inévitables des laborieuses visites aux galeries du Champ-de-Mars.

Tout d'abord, l'aspect étrange de l'immense construction, très en vue, excite la curiosité et invite à pénétrer dans son intérieur. C'est une sphère complète de plus de 40 mètres de diamètre, reposant sur un piédestal ajouré, de façon à permettre l'examen de toutes les parties du globe. Ce globe est bleu, parsemé de constellations aux figures mythologiques se détachant en or sur le fond, et de gros cabochons stellaires colorés et lumineux le soir.

Il est orienté comme la sphère céleste qui nous entoure, et son équateur incliné sert de voie d'accès à un point culminant voisin du sommet, qui peut être facilement atteint par les visiteurs, et se trouve desservi, en outre, par des ascenseurs. Quatre colossales figures symboliques aux angles du socle, œuvre du statuaire Cordier, soutiennent les quatre grosses planètes du système solaire représentées dans leur véritable relation de grandeur.

Par des ascenseurs rapides et de larges escaliers, on pénètre dans l'intérieur du globe. On se trouve alors au centre de l'espace infini du ciel peuplé de tous les astres visibles à l'horizon de Paris: étoiles scintillantes, voie lactée, nébuleuses, planètes mobiles, soleil gravitant sur l'écliptique, lune accomplissant sa révolution autour de la terre en présentant ses phases et ses éclipses. Ce firmament, bien qu'immobile, semble évoluer lentement autour de la terre centrale, car cette terre où 100 personnes peuvent circuler en s'arrêtant aux diverses latitudes do l'équateur et aux pôles, est animée d'un lent mouvement de rotation sur son axe, entraînant les habitants d'Occident en Orient. On assiste ainsi au lever, au passage au méridien, au coucher des astres avec les particularités s'expliquant d'elles-mêmes, des variations des saisons, des jours et des nuits, du soleil de minuit, etc.

Un millier de personnes peuvent contempler à la fois l'ensemble de cet univers. La promenade dans ce monde inconnu est agrémentée de l'audition d'une musique céleste dont l'auteur est notre grand compositeur Saint-Saëns. Le soir, de grands concerts d'orchestre et d'orgue sont donnés dans cette salle unique par sa forme, son décor tout particulier et ses excellentes disposi-tions artistiques.

Avant de nous engager dans le Champ-de-Mars proprement dit, transportons-nous de l'autre côté de la Tour Eiffel.

Un coup d'œil au **Chalet suisse,** au **Pavillon du Siam** et à celui de la **République de Saint-Marin** qui, si minuscule qu'elle soit, apporte son con-cours à toutes nos Expositions.

Ici, trois attractions de premier ordre s'imposent à notre admiration : le *Tour du Monde,* le *Palais du Costume* et le *Palais lumineux Ponsin.* Décri-vons-les.

Le **Tour du Monde,** de Louis Dumoulin, peintre de la marine, occupe au Champ-de-Mars un empla-cement de faveur. C'est une fortune méritée, car le talent expressif et clair de l'artiste lui a permis de réaliser dans les meilleures conditions le pro-gramme qu'il s'était tracé.

L'édifice, d'ordre composite, conserve cepen-dant un aspect indo-chinois. Les matériaux, bois sculptés, majoliques, porcelaines, utilisés pour sa construction, ont été tous exécutés en Extrême-Orient.

Quatre tours de style différent se sont élevées, et la pagode japonaise, qui sert de porte d'entrée, s'est édifiée par les soins d'artistes et de char-pentiers japonais, qui l'ont construite à Tokio même. Au rez-de-chaussée, on trouve un théâtre où les troupes qui figurent sur différentes scènes établies dans le Panorama général donnent des représentations à tour de rôle. Les visiteurs qui, par exemple, assistent dans le Panorama à la représentation siamoise, peuvent voir la troupe chinoise, sans repasser par le guichet. Cette salle du rez-de-chaussée contient 300 personnes.

C'est également au rez-de-chaussée que se trouvent les cafés, restaurants et dioramas du Tour du monde, composés d'un nombre considérable de point de vue : Moscou, Londres, Amsterdam, Rome, etc.

Au-dessus de cet ensemble, prend place le panorama proprement dit. Sur une coupole couvrant

Palais du Costume. (Page 160).

2.400 mètres de surface et sur une toile peinte de plus de 2.000 mètres, se développe une composition générale, le **Tour du Monde**, qui montre les pays les plus curieux desservis par les paquebots des Messageries maritimes : la Grèce, la Turquie, l'Egypte, les Indes, la Chine, le Japon, l'Australie, l'Amérique du Sud, le Portugal et l'Espagne. Les vues reliées entre elles forment un ensemble dont chacune des divisions est occupée par des indigènes de différents pays ; ici, un petit Syrien, entouré de sa famille; là, au milieu des merveilleuses ruines d'Angkor, une troupe de danseuses siamoises, qui exécutent ces poses plastiques, qui constituent leur danse si étrange. En Chine, au kiosque du Mandarin du thé, à Shang-haï, de mignonnes actrices de 12 à 13 ans jouent des scènes rapides. Au Japon, de charmantes danseuses, les *gueshas*, exécutent, dans une maison aux cloisons de papier, leurs pantomimes les plus caractéristiques et qui forment contraste avec le pas lent et grave des Siamoises.

En Espagne, le boléro jette son entrée sur la place publique ensoleillée.

Bref, le Tour du Monde est un tour de force de couleur locale.

La classe des vêtements à l'Exposition établit a une fois de plus notre éternelle domination dans le domaine de la mode. Mais les modes du jour et du lendemain y sont seules exposées. M. Félix a pensé qu'il serait intéressant de prendre la Française aux origines, de la suivre pas à pas, par étapes à travers les âges de notre histoire, de la montrer dans un cadre du temps, vivante dans tout l'éclat de sa parure.

Le Palais du Costume est né de cette idée. Chacune des époques choisies donne lieu à une scène typique où la femme domine. Les personnages modelés par des sculpteurs de premier ordre, et de grandeur humaine, sont coiffés de cheveux naturels et habillés d'étoffes semblables à celles que prescrit la vérité historique, si somptueuses, si coûteuses qu'elles soient. Il a été presque toujours impossible de trouver dans le commerce les pièces nécessaires. Dans ce cas, on a fait monter des métiers spéciaux et tisser les étoffes désirées.

Les salles n'empruntent pas la lumière du jour : elles sont éclairées par des lampes à incandescence invisibles pour les spectateurs, et les couloirs réservés à la circulation demeurent dans la pénombre pour laisser aux tableaux toute leur valeur.

Les scènes sont disposées chronologiquement. Au rez-de-chaussée, les Gauloises d'abord, puis l'atrium romain et ainsi de suite jusqu'à l'extrémité du premier étage où se déroulent les scènes du xviiᵉ siècle jusqu'à 1900. Le public s'arrêtera, particulièrement séduit, devant une salle de château du xiiᵉ siècle, dont l'une des fenêtres s'ouvre sur le Paris de l'époque ; devant la scène du Camp du drap d'or, vue d'une tribune, où dans leurs plus triomphants atours, trois belles dames regardent défiler les seigneurs ; et surtout devant Joséphine dans son boudoir essayant la toilette du Sacre sous les yeux de Napoléon. La robe et le manteau, en satin et velours, sont brodés d'or feu, entièrement à la main. Robe et manteau coûtent environ 50.000 francs. L'original que portait Joséphine revenait à un million, mais la robe était constellée de diamants et de perles.

Sur un socle de granit, où ruisselle une cascade de douze mètres de hauteur, a été édifié le **Palais lumineux Ponsin**, entouré de longs peupliers frissonnants, de mélèzes au sombre feuillage, peuplés d'oiseaux de feu, près du grand lac où, à l'ombre des saules pleureurs, prennent leurs ébats cygnes et canards des Indes, et qui lui-même sert d'immense miroir, où se reflètent les sommets flamboyants de l'éblouissante merveille.

On accède, par de longues allées bordées de fleurs, à des escaliers de cristal de formes élégantes, aux rampes de conques marines phosphorescentes, qui semblent faire surnager l'édifice sur des nuages d'or. Ces escaliers conduisent le visiteur à une galerie de pourtour d'où l'œil aperçoit des nuées teintées comme les couchers de soleil de Java, et traversées par des jets de feu aux couleurs d'arc-en-ciel.

Le **Palais lumineux**, tout en étant un objet d'art monumental auquel ont collaboré les grands artistes et les premiers industriels de notre époque, constitue en même temps la plus curieuse exposition de lumière par l'électricité et la plus belle exposition de verrerie et de glacerie combinées qui ait jamais été formée. La Compagnie des glaceries de Saint-Gobain et la verrerie de Saint-Denis ont tenu à honneur d'exécuter ce travail gigantesque. Tous les styles se confondent et s'harmonisent.

Qu'il soit vu de l'intérieur ou de l'extérieur, le **Palais lumineux** est toujours étincelant. Il est entièrement construit en glace et en verre, et plus de 12.000 lampes électriques sont habilement disposées pour fournir un grand foyer d'incandescence répandu à égales parties dans tout l'édifice.

Un curieux contraste se produit entre l'extérieur et l'intérieur du monument. Par suite de combinaisons architecturales, le grand *hall* semble avoir des proportions bien plus vastes que ne comporte le Palais vu de l'extérieur.

A l'intérieur de ce *hall*, sont des attractions multiples. Les colonnes, qui semblent être de marbre de couleur, et les chapiteaux d'or qui forment les premiers plans lumineux, reposent sur un tapis de Smyrne aux éclatantes couleurs, également translucide. La voûte, formée d'un immense voile d'opaline d'or, est une pure merveille. La façade postérieure de l'édifice ne ressemble en rien aux autres : la grande baie est remplacée par un amas de glaçons blancs aux mille reflets de lune, sur lesquels sont venus se congeler des chutes d'eau sortant de la gueule d'un monstre, et formant des stalactites de glace mate où ruisselle un commencement de dégel, qui retourne tomber dans le lac.

À tout cela, viennent se joindre des végétations de plantes exotiques et de fleurs rares, lumineuses et luxuriantes.

Un des effets les plus saisissants est aussi la personnification de la Lumière, statue reposant sur sur un globe de feu tournant, qui porte cette déesse. Tous deux sont dans l'espace, comme détachés de tout point d'appui. Dans chacune des mains de la statue est placée une torche,

Pavillon des Lettres, des Sciences et des Arts (Page 163).

constituant les deux seuls points brillants et éclatants de lumière aux longs rayons blancs.

Le **Palais lumineux** a une grotte souterraine formée de rochers de glace où les visiteurs pourront à leur aise voir fabriquer le verre.

Le monument est entouré d'élégantes terrasses, abritées par des toitures de tuiles lumineuses, également supportées par des colonnes torses, le tout rattaché par des ornements qui semblent fleurir sous nos yeux. Le tout est agrémenté de guirlandes de fleurs aux riantes couleurs suspendues par les nombreuses déesses échelonnées sur les rampes des escaliers, et qui convient les visiteurs à pénétrer dans la demeure qu'elles seules peuvent avoir créée, car jamais l'imagination n'a rêvé une semblable merveille.

Nos lecteurs connaissent désormais les environs de la Tour Eiffel.

La promenade du Champ-de-Mars commence, au point de vue de l'Exposition, proprement dite.

Faisons-la : il nous restera, pour le dessert, les attractions de l'immense allée centrale, de son prolongement sous les galeries couvertes jusqu'à l'Ecole militaire, et de ses attir ntes annexes sur l'avenue de Suffren, la *Grande Roue* et le *Village Suisse*.

A droite de la *Tour Eiffel*, en tournant le dos à la Seine et en pénétrant dans le quadrilatère que forment les somptueuses constructions destinées à la haute industrie, aux sciences, enfin à toutes les manifestations de l'activité humaine, nous trouvons tout d'abord :

Le Palais de l'Enseignement, consacré à l'exposition d'objets infiniment variés, puisqu'elle comprend'tout le matériel des Sciences, Lettres et Arts. Il loge les 6 classes du groupe I, qui touchent à peu près à l'ensemble des connaissances humaines. On y remarquera, entre autres expositions particulières, celle du matériel de l'art théâtral qui comprend, par exemple : l'ameublement et l'installation des salles de théâtre, les appareils de protection contre l'incendie, l'éclairage, la machinerie fixe et mobile, les décors, les accessoires, les costumes et jusqu'aux fonds.

Et ainsi de suite pour toutes les divisions du groupe, et même pour toutes les subdivisions.

Puis vient le **Palais des Lettres, Sciences et Arts** où sont réunis tous les procédés employés pour faciliter leur étude.

A l'intérieur est une grande salle de concert où l'on essaie les instruments de musique exposés dans le palais.

Un troisième palais, le **Palais du Génie civil** achève cette puissante trilogie, et les ingénieurs ont lutté d'émulation pour nous initier à tous les secrets et à toutes les merveilles de la construction moderne.

En faisant le tour du Champ-de-Mars, en prenant cette fois pour point de départ le *Palais du Génie civil* que nous venons de quitter, voici les grandes classes qui solliciteront, chacune, l'attention admirative de tous les gens spéciaux : les *Moyens de transport*, les *Industries chimiques*, l'*Électricité*, sur laquelle nous reviendrons, et pour cause, l'*Agriculture et les aliments*, bordant pour la majeure partie l'Ecole militaire, puis, en redescendant, le *Matériel de la Mécanique* et, pour faire digne figure, en face du *Palais du Génie civil* et du *Palais des Lettres et des Arts* :

Le Palais des Fils, Tissus et Vêtements où les

draps, les toiles, les étoffes les plus diverses sont exposés, la grosse toile à voile comme le plus fin linon, le gros drap comme la plus transparente gaze de soie.

Immédiatement après, nous pénétrons dans le **Palais des Mines et de la Métallurgie.** A notre entrée, le carillon de bronze installé dans la coupole centrale du monument nous salue d'une retentissante fanfare de bronzes clairs. C'est ici que sont groupés les produits de nos grandes manufactures métallurgiques et de nos centres miniers.

Nous sommes au seuil de la grande allée, entre la Tour Eiffel et la porte de l'Ecole militaire.

D'abord, de magnifiques jardins et un bassin aboutissant au *Château-d'Eau.*

Le **Château-d'Eau** est une des plus magnifiques surprises réservées au visiteur. Mais, c'est surtout le soir qu'il fera fureur.

Le génie des eaux l'a embelli de ses charmes murmurants. Tous les effets qu'on peut tirer de leur arrangement savant, on les aura ; et la pensée de ses auteurs a été de constituer une attraction supérieure encore aux *Fontaines lumineuses* de 1889. Des jets d'eau d'une resplendissante beauté, émergeant à côté de superbes statues, animeront continuellement ce beau paysage.

Il est question d'une **Cascade d'émeraude** : elle est un peu en·retard, mais le projet est près de sortir admirablement réalisé.

Il y a un produit chimique nommé *fluorescéine,* dont une minime quantité suffit à colorer des masses d'eau. Ce sera là tout le secret de cette magique métamorphose.

Le *Château-d'Eau* a pour digne couronnement le **Palais de l'Electricité.** Ce remarquable édifice, symbolisant les progrès de plus en plus extraordinaires de l'électricité et de ses applications, est entièrement en fer et en verre. Sa façade, qui a 130 mètres de large, s'élève en son point culminant, à 70 mètres de hauteur. Elle se compose d'un grand motif de milieu composé d'un cartouche central, où brille la date 1900, et que surmonte la figure du Génie de l'Electricité. Ce

Palais de l'Electricité (Page 166).

motif repose sur un arc qui forme la ligne extrême de la toiture, et qui bute sur des pylônes surmontés de campaniles ajourés comme des baldaquins d'autel, et dont les branches contournées se réunissent pour soutenir la tige d'une lampe à arc, d'une intensité de phare. L'architecte de cette œuvre si originale est M. Hénard. C'est dans son palais que nous retrouvons, réunies sous nos yeux éblouis, toutes les conquêtes de l'électricité dont le nombre, déjà si merveilleux, s'accroît tous les jours.

En sortant du Palais de l'Electricité par la

partie opposée à la Tour Eiffel, nous pénétrons dans la Salles des Fêtes. Cette salle grandiose occupe le centre de ce qui fut la galerie des Machines. Elle a 152 mètres de long, 142 de large et une superficie de 22,000 mètres carrés. Elle est soutenue par une ossature qui restera longtemps dans la mémoire de ceux qui l'auront vue. Seize énormes colonnes de fonte, jaillissant du sol comme des fusées, s'épanouissent en éventail à environ 15 mètres de hauteur et mêlent leur ramure de fer dont toutes les brindilles s'enlacent de manière à former une colossale tonnelle.

Sur l'avenue La Motte-Piquet, s'ouvre la porte qui donnera entrée aux têtes couronnées.

Ce qui frappe tout d'abord, ce sont 16 arcades grandioses de 20 mètres de haut. Au-dessus de leurs cintres, la coupole prend naissance : elle a 90 mètres de haut. Il n'en existe aucune autre au monde de si large. Elle est somptueusement décorée par Maindron, Flameng, Rochegrosse et autres éminents artistes.

Dans la SALLE DES FÊTES, où 20.000 personnes pourront tenir, doivent avoir lieu toutes les grandes cérémonies de l'Exposition jusqu'à la distribution des récompenses.

Le centre même de la voûte est occupé par un énorme vitrail de 45 mètres de diamètre qui forme le ciel éblouissant de la salle. Des gradins qui s'élèvent en amphitéâtre, entre les quatre entrées, sont réservés à l'assistance.

Tout autour de la Salle des Fêtes règne une grande galerie formant promenoir, et ce promenoir est orné de quarante statues portant des lampadaires et représentant les différents peuples qui prendront part à l'Exposition.

Le soir, des milliers de lampes électriques,

contournant toutes les lignes de l'architecture, répandent une étincelante lumière sur les flots pressés du public.

Nous terminons cette promenade en recommandant à nos lecteurs, puisqu'ils sont arrivés devant l'Ecole militaire, de visiter la *Grande Roue* et le *Village Suisse*, deux attractions qui verront défiler d'immenses foules de curieux.

Emule de la Tour Eiffel, la **Grande Roue** se dresse avenue de Suffren, en face de la célèbre galerie des Machines de l'Exposition de 1889. Le principe des constructions de ce genre, — il y en eut une à Chicago, — appartient à M. Graydon, officier dans la marine américaine. Elle est en acier et ne comporte pas moins de 800 tonnes de métal. Elle tourne autour d'un axe horizontal situé à 67 mètres au-dessus du niveau du sol. A sa périphérie se trouve une série de wagon, entraînés dans le mouvement de rotation de l'appareil. Le diamètre de la **Grande Roue** est exactement de 93 mètres. Au niveau le plus bas où ils peuvent descendre, les wagons sont encore à 3 mètres du sol; par conséquent, à leur point culminant, ils arrivent à une hauteur de 96 mètres. Entre les deux jantes externes sont suspendus, par un système similaire à celui du balancier des pendules, un certain nombre de voitures susceptibles de recevoir les destinations les plus diverses : salons, parloirs, salles à manger, salles de repos, etc... Le poids total de ce monument architectural s'élève à 1,083,000 kilog. Chaque wagon contient 30 personnes; il y en a 40.

Le **Village Suisse** a deux entrées principales : avenue de Suffren et avenue La Motte-Piquet. Il est situé après la *Grande Roue*.

Sous ce nom modeste, c'est la Suisse tout entière qui est représentée. Merveille de conception que tout le monde admirera, le **Village Suisse** nous montre, on ne peut plus ingénieusement groupé, tout ce qui donne à ce pays son originalité propre ; aussi bien ce qui lui vient du caractère même de son sol, que ce qu'il doit à l'art et à l'industrie de ses habitants. Ceux qui connaissent et aiment la Suisse y retrouveront, sans qu'elle soit affaiblie, cette impression de charme et de poésie qu'ils y ont ressentie, car l'exactitude et la sincérité sont les qualités maîtresses de cette exposition.

Du côté de l'avenue de Suffren, ce sont les deux tours de Berne qui servent de décor à l'entrée du village. A droite, la Tour des prisons, qui date du XVII° siècle et est située à Berne sur l'emplacement de l'ancienne porte des fortifications élevées vers 1256 ; à gauche, la Tour de l'Horloge dont la première origine remonte au fondateur de Berne, Berthold

Pavillon de la Norvège (Page 181).

de Ziehringen, et qui, refaite depuis, est bien connue par son ingénieuse horloge astronomique et par la procession de petits oursons qui tourne en cercle à chaque sonnerie en même temps que d'autres personnages exécutent des mouvements variés.

L'entrée, par l'avenue La Motte-Picquet, est formée par le château féodal de Chilnaut, à Estavayer, qui a été construit sur le lac de Neuchâtel par le seigneur d'Estavayer, Léopold Ier, en 1235.

Plus d'une centaine de maisons, de chalets, de constructions diverses composent le VILLAGE SUISSE au centre duquel s'élève la curieuse église de Wurzbrünnen, dont le plafond de bois est orné de dessins brûlés au feu. — On voit quelle étonnante variété présentent ces constructions et grâce à la façon habile dont elles sont groupées, les unes en avancement, les autres en retrait, la diversité des styles ne produit rien de disparate : elles forment, au contraire, un ensemble aussi harmonieux que séduisant.

Quant à la nature suisse, si impressionnante et si pittoresque, elle forme la seconde partie de ce spectacle, absolument digne de la première. La montagne et ses bois de sapins et ses glaciers, les lacs poétiques, apparaissent à nos yeux et, après cette charmante vision, il est impossible de ne pas admirer les grands artistes qui nous l'ont donnée.

Un autre spectacle voisin de l'Ecole militaire, est encore une remarquable évocation des temps disparus, Mais, avec la **Cour des Miracles**, ce n'est plus la poésie du beau ciel de l'Adriatique, c'est la poésie de la misère, si elle en a une.

M. Colibert, élève de Viollet-le-Duc, a voulu figurer sous les yeux des Parisiens et des visiteurs de l'Exposition, un tableau fidèle de la vie, des mœurs d'autrefois, replacées dans un milieu irréprochablement exact. Il a pris comme époque le XVe siècle et comme lieu, la COUR DES MIRACLES.

Sous le nom de « cours des miracles » on désignait jadis les coins écartés où tous les mendiants se réfugaient, la nuit venue, pour y compter leurs recettes et pour se livrer à des divertissements plus ou moins honnêtes. Ces endroits étaient bien nommés. Il s'y passait évidemment des miracles tous les soirs. Les bossus se redressaient, les plaies disparaissaient comme par enchantement, les aveugles eux-mêmes y voyaient tout à coup. La plus célèbre de ces « cours des miracles », immortalisée par Victor Hugo, était située près de la place du Caire. Elle avait son entrée rue Neuve-Saint-Sauveur et s'étendait entre le cul-de-sac de l'Etoile, les rues de Damiette et des Forges. C'est cette Cour des miracles que M. Colibert a restituée avec une vérité absolue. Pour donner plus de charme à cette reconstitution historique, des scènes sont représentées avec des acteurs, des écuyers et une nombreuse figuration. On y voit une entrée royale, avec des chevaliers bardés de fer formant cortège. On y joue aussi une pantomime tirée de *Notre-Dame de Paris*. Tous ceux qui se sont attendris sur le sort de la *Esméralda* voudront revivre le magnifique roman de Victor Hugo.

QUATRIÈME PARTIE

La rive gauche. — PLAN II.

(Du pont d'Iéna à l'Esplanade des Invalides.)

Le Palais des Forêts. — Le Palais des Armées de terre et de mer. — La rue des Nations. — Les Pavillons étrangers. — A l'Esplanade des Invalides : les Manufactures Nationales. — Sections étrangères du mobilier et de la décoration.

Nous allons conduire nos lecteurs dans toute la partie de l'Exposition qui borde la Seine, rive gauche, jusqu'à l'Esplanade des Invalides que nous comprenons dans cette quatrième et dernière promenade.

Avant d'arriver à la *rue des Nations* où les pavillons de toutes les grandes et petites puissances du monde entier ont tenu à figurer, nous longerons la Seine jusqu'à ce que nous arrivions au pavillon du Mexique, le premier que nous trouverons sur nos pas.

Trois grands palais s'offrent tout d'abord à nos yeux : le *Palais des Forêts*, le *Palais de la Naviga-*

tion commerciale et le *Palais des Armées de terre
et de mer.*

Le Palais des Forêts, qui comprend également
la chasse, la pêche et les cueillettes, est situé sur
le quai, en aval du pont d'Iéna. Il repose en partie sur le quai supérieur et en partie sur le quai
inférieur. La partie qui est parallèle à l'axe du
pont d'Iéna est accessible à la fois par le bas quai
et par le quai supérieur. Le visiteur, qui entre par
la grande entrée, sur le quai supérieur, se trouve
dans une vaste salle, formant un grand hall, entouré
de galeries et se prolongeant sur une longue
annexe. Toute la construction est en bois. La
façade sur la Seine a 185 mètres de long. La décoration est relative aux matières et objets que
renferme le bâtiment. Des congélations en stalactites, plaquées sur les bossages du rez-de-
chaussée, rappellent la mer, les rivières, etc., enfin toute la nature aquatique ; des têtes de cerfs
font allusion à la forêt ; ajoutez à ces synthèses
deux statues placées dans des niches, celle de
Diane et celle d'Amphitrite. Le **Palais des forêts**
est l'œuvre de MM. Tronchet et Rey.

Le Palais de la Navigation commerciale est
destiné à loger l'exposition de la classe 33,
6e groupe. Les architectes ont posé un phare à
l'extrémité du bâtiment, et ce phare se termine
par un mât de sémaphore. L'ensemble architectural est pittoresque et mouvementé. A l'intérieur,
il y a le grand hall, entouré de galeries qui se
prolongent le long d'un second hall, plus étroit et
moins haut en forme de rectangle.

L'Exposition du Creusot intéressera les initiés,

mais la majorité des visiteurs se portera, avec la plus vive curiosité, vers l'édifice de si grandiose aspect qui se présente à ses yeux : le **Palais des armées de terre et de mer** qui fait face, au delà de la Seine, au pittoresque *Vieux-Paris*. Au centre de ce monument, beaucoup plus considérable que celui qui figurait à l'Exposition de 1889, se trouve, sur un pavillon très élevé, le ballon militaire. L'aile gauche, recoupée par un plancher, contient au premier.étage le *Musée des souvenirs* ou exposition rétrospective. L'annexe basse, formant rez-de-chaussée, et qui repose sur la berge de la Seine, constitue le terre-plein nécessaire pour abriter les grosses pièces, les

Pavillon de l'Allemagne
(Page 180).

blindages et autres engins de poids importants. Le pavillon du milieu s'ouvre par un vestibule de larges dimensions, avec escalier monumental et galeries ouvertes sur les deux ailes. Quant à la façade, elle présente une allure toute martiale, avec ses merlons et ses machicoulis, souvenirs modernisés des anciennes fortifications, que supportent des coupoles d'acier. Tout ce qui se rattache à l'art militaire est réuni dans ce palais, œuvre primée de MM. Auburtin et Umbenstok. Les deux curiosités de l'exposition de l'armée de mer sont : le *Vaisseau de haut bord de Louis XIV*, formant l'about des galeries de l'aile gauche du palais, et le *Cuirassé moderne à tourelles*, formant l'about des galeries de l'aile droite.

En face et à côté, le **Pavillon de la Presse** et les Expositions militaires de la Russie, de l'Allemagne, des États-Unis, de l'Italie et de la Grande-Bretagne.

Nous voici arrivés au seuil de la **rue des Nations** que nous allons décrire dans l'ordre de construction des palais.

Disons, tout d'abord, que ces pavillons étrangers offrent l'aspect d'une ville aux profils variés des architectures des divers pays : ils sont une des grandes attractions de l'Exposition de 1900. Vue du pont de l'Alma, cette ville improvisée étage ses dômes, ses clochers et ses minarets, avec une heureuse harmonie et un très curieux sentiment de la couleur.

Nous l'avons dit, le **Pavillon du Mexique** ouvre la marche.

Il n'est pas de pavillon qui présente, comme Exposition, une variété plus grande, en raison même de la multiplicité des produits du sol du Mexique, qu'il s'agisse d'agriculture ou de minéralogie.

Faut-il rappeler que l'or et l'argent y abondent, que les mines de l'un et de l'autre métal s'y comptent par milliers, dont beaucoup même ne peuvent être exploitées, faute de main-d'œuvre ou de moyens decommunication ?

Le plomb, le cuivre et le mercure s'y trouvent en quantité, et le pays possède de riches gisements de jaspe, d'onyx, d'opales, de grenats, d'agates, d'améthystes et d'émeraudes qui voisinent au PAVILLON DU MEXIQUE avec les délicieux ouvrages de plumes de mille couleurs que fabriquent les Indiens de Michoacan et qui furent un objet admiration pour les conquérants espagnols dans le palais de Montezuma.

Pavillon de Belgique (Page 181).

Le **Pavillon serbe** se dresse à l'angle du pont de l'Alma et du quai d'Orsay. La situation est magnifique et le pavillon se détache isolé, remarquable par son style architectural serbo-bysantin.

La Serbie y expose ses vins et... ses porcs, car elle se fait un honneur de lutter avec Chicago. Ce qui nous console de ce prosaïsme, ce sont les beaux costumes nationaux qu'on admire dans de vastes salles. Rien n'est plus riche que ces vêtements aux couleurs riches et tranchées que surchargent des broderies et surtout d'innombrables bijoux admirablement travaillés. Ces costumes habillent des mannequins admirablement disposés et constituent un splendide musée ethnographique.

Le **Pavillon de la Grèce** est de M. Léon Magne. L'architecte a adopté le style bysantin en introduisant à l'intérieur une ossature métallique et des revêtements en terre cuite.

Par l'aspect imposant de son architecture, le **Pavillon de la Roumanie** méritait une place de premier rang. Il a été composé au moyen d'éléments empruntés aux édifices les plus célèbres de la Roumanie, et qui ne remontent pas au delà du xvi° siècle. Les dômes et les clochetons que l'on aperçoit proviennent de la Curtéa d'Argis. Les coupoles sont en plomb repoussé, doré et peint. Le grand porche avec ses trois couvertures est inspiré de l'église du monastère d'Orazu.

On voit dans le **Pavillon de la Roumanie** les matières se rapportant aux mines et à la métallurgie, à l'éducation et à l'enseignement. De même, c'est là qu'a été faite l'Exposition du mobilier et de la décoration des édifices, ainsi que l'Exposition des différents Ministères.

Le Pavillon de la Suède est une haute bâtisse, entièrement construite avec des bois de Suède, sur les plans de M. Ferdinand Boberg, architecte. C'est là qu'ont été rassemblés les productions des travaux domestiques suédois, de nombreuses peintures et photographies représentant les sites les plus pittoresques de ce beau pays, les fins tissus de la Scanie et et de la Darlécarlie, réputées pour leurs manufactures de produits textiles ; le Blekinge expose ses bois sculptés, et l'Ostergothie ses dentelles. A proximité, des ouvrières originaires de ces contrées et parmi elles une tricoteuse de Malmö, une dentellière de Vadstena et deux Darlécarliennes travaillent en présence du public, suivant les procédés spéciaux usités en Suède.

Vis-à-vis du hall et dans le fond, une pièce a été aménagée pour recevoir les souverains et personnages de marque qui honoreront de leur visite le Pavillon. C'est le Salon royal.

De chaque côté de cette salle, figurent deux grands dioramas, dus au peintre Tiren : l'un, une nuit d'hiver ; l'autre, une nuit d'été. Le premier représente la plaine glacée de Kirrunnavara, en Laponie, à 110 kilom. au nord du cercle polaire, le second, la nuit de Saint-Jean (24 juin) à Stockholm.

Dans une pièce voisine du Salon royal, le téléphone a été installé par les soins de la Direction des postes et télégraphes de Suède. Cet appareil, mis d'ailleurs gracieusement à la disposition de tout visiteur, relie directement le pavillon national aux autres sections disséminées dans l'enceinte de l'Exposition.

Outre ces différentes pièces, il y a encore deux salons de repos où l'on trouve des journaux suédois, des Revues suédoises, des Guides de voyage, etc. Ces salons sont également décorés d'aquarelles, de panneaux et de photographies représentant les principales vues de Suède.

Enfin, les sous-sols du pavillon renferment une brasserie où sont servis des produits suédois.

Le Pavillon de l'Espagne est une œuvre de grand talent. Tout en demeurant fidèle aux traditions hispano-mauresques, l'architecte a fait des sacrifices à nos goûts modernes en même temps que, par la discrétion de l'ornementation, il donnait la note de l'architecture sévillane dont il y a tant d'admirables modèles sur les bords du Guadalquivir.

L'auteur du **Pavillon de la Bulgarie**, M. de la Fargue, a reçu mission de faire essentiellement parisien. Son élégante construction prouve qu'il a réussi à satisfaire l'opinion bulgare qui ne voulait pas qu'on lui rappelât la domination turque. A l'intérieur, l'édifice comprend un rez-de-chaussée et un premier étage. Au-dessus de cet étage s'élève une terrasse où est aménagé le restaurant bulgare : là, nous retrouvons la couleur locale. Cette terrasse, à laquelle les grands arbres du quai d'Orsay font un dôme de verdure, apporte l'illusion d'un coin de la vie orientale, avec des garçons authentiquement bulgares dans le costume des Rouméliotes, et sa czarda de Tziganes cuivrés n'ayant pas encore perdu leur originalité native à travers les casinos de nos stations balnéaires.

Le Pavillon de l'Allemagne nous offre un spécimen des constructions de la Renaissance allemande au xve et au xvie siècles. Grands pignons décorés en couleur, toits et clochetons aux toiles peintes, tour formant beffroi, constituent un ensemble décoratif des plus pittoresques. La charpente du **Pavillon de l'Allemagne** a été traitée avec un soin particulier : on y retrouve les façons des artisans du moyen âge qui excellaient dans cet art.

Le **Pavillon de la Norvège** est une des plus jolies constructions qui se puissent imaginer, avec ses arcades superposées et sa flèche d'un dessin irréprochable.

Le **Pavillon de la Belgique** est la reproduction de l'Hôtel-de-Ville d'Audenarde, un chef-d'œuvre du commencement du xvie siècle. Devant sa galerie

Pavillon de l'Italie (Page 185).

à colonnes, ses arcades en ogive et sa tour du milieu, on reste véritablement émerveillé.

Le **Pavillon de la Grande-Bretagne** représente une maison du temps de Henri VIII : la façade

est agréablement mouvementée et percée de larges
ouvertures dans le style des cottages anglais.

Ce pavillon renferme les plus belles collections
de l'Angleterre en tableaux, meubles, orfèvrerie,
bijouterie, etc. L'architecte, M. Lutyens, pour
protéger ce bâtiment contre tout danger d'incendie, a fait la charpente et les murs entièrement
en acier recouvert d'estampages. Tous les matériaux sont de provenance anglaise.

Le Pavillon de la Perse, en face, reproduit un
palais existant actuellement à Ispahan et qui fait
l'admiration des visiteurs. Il se compose de
deux étages. La porte d'honneur, qui s'ouvre en
face d'un kiosque de musique, a douze mètres de
hauteur. Comme la façade entière, elle est ornée
de pièces céramiques bleu foncé, bleu turquoise,
vert, orange. Mais la partie originale du palais
est la terrasse ; on sait l'importance des terrasses
chez les Orientaux. Pendant les beaux jours, on y
séjourne, on y prend ses repas, on y vit enfin. Sur
cette terrasse, il y a deux pavillons, copiés par
l'architecte sur ceux du Palais des quarante colonnes d'Ispahan. Les colonnes des pavillons
consistent en un assemblage de miroirs taillés à
facettes, réunis artistement bouts à bouts, auxquels
le soleil de juillet donnera le plus vif éclat.

Le Pavillon de la Hongrie réunit tous les
styles qui ont été successivement employés, dans
l'État madgyar, depuis le style roman jusqu'au
style actuel, en mettant en relief ce qu'il y a de
plus remarquable dans chacun d'eux. Les architectes ont pris dans les vieilles maisons particulières et dans les monuments de leur pays tout
ce qui pouvait donner à l'enveloppe générale une

apparence d'unité et de composition, et ils ont
réalisé quelque chose de vraiment inouï.

Le **Pavillon de l'Autriche** est d'une superbe
envolée et l'on verra que les architectes viennois
sont passés maître en l'art de construire. On
remarquera la splendide grille de la porte, les
magnifiques vases à droite et à gauche de l'entrée
et une curieuse décoration de la toiture, avec
l'aigle royale, les ailes déployées.

Entre le pavillon de l'Autriche, si riche et si
élégant dans son modernisme, et celui de la Hongrie qui, par contre, est comme une anthologie
des styles archéologiques du royaume madgyar,
voici le **Pavillon de la Bosnie-Herzégovine**. On
remarque tout d'abord une haute tour massive,
qui flanque la gauche du bâtiment ; c'est comme
une sorte de donjon fortifié, car des bretêches
saillantes, accrochées sous le toit, défendent le
pied des murailles. Tous les détails de sculpture
et de décoration sont d'inspiration orientale. La
caractéristique est une sobriété de lignes d'un effet
puissant.

Au milieu du pavillon est un hall où l'on voit
les jolies ouvrières des ateliers du Gouvernement,
tissant des tapis ; des élèves de l'école de damas-
quinage couvrant le fer d'un réseau minutieux
de rinceaux en fils d'or ; des élèves de l'école
d'incrustation, travaillant le bois dur, sur lequel
ils exécutent avec le métal un travail analogue
à la damasquinerie, puis des repousseurs et des
ciseleurs, ornementant des vases de cuivre, et
enfin une équipe de brodeuses à l'aiguille, dia-
prant de fleurs multicolores des tissus de soie. Ce
petit monde est revêtu de costumes nationaux et
forme un premier plan de couleur bien locale au

panorama de Seraïewo. A cet ensemble mouvementé, se joint un orchestre bosniaque jouant de vieux airs bulgares.

Le Pavillon du Pérou, presque en face, est une coquette construction. Elle renfermera les richesses minéralogiques de ce pays légendaire, patrie flamboyante de l'or.

A ces richesses, on a joint les matières premières originaires de cette région : les laines de vigogne et d'alpaca ; les bois d'ébénisterie ; certains textiles ; le coton, le lin, le chanvre ; les plantes pharmaceutiques, telles que le quinquina, l'aloès ; des gommes, des résines, etc., etc.

A côté du pavillon, se trouve un kiosque distinct, destiné à la consommation des boissons : vins, cafés, chocolat et liqueurs du Pérou, ainsi qu'à la vente des tabacs et d'autres menus objets de fabrication qui auront le plus vif succès auprès des amateurs de bibelots exotiques.

Le Pavillon du Portugal est une inspiration de la méthode de construction des peuples de l'Extrême-Orient. Il n'a d'intérêt qu'à ce sujet.

Le Pavillon des Etats-Unis se distingue moins par la forme extérieure que par l'organisation intérieure où l'on remarque les dimensions des salles, la hardiesse des escaliers, le nombre des ascenseurs, l'éclat de la lumière et toutes les inventions merveilleuses imaginées par la jeune civilisation américaine qui ne recule devant aucun obstacle.

Le Pavillon de la Turquie, quoique très modeste, reste fort élégant. Il est l'œuvre d'un architecte français, M. Dubuisson.

Le **Pavillon de l'Italie**, situé le plus près de
la porte de sortie, quai d'Orsay, est surtout
remarquable par son couronnement. L'emplacement accordé aux Italiens est le plus vaste qui ait
été donné : ils en ont heureusement profité et ils
font excellente figure au milieu des pavillons
étrangers.

A l'intérieur du **Pavillon de l'Italie**, on se
trouve en présence d'un vaste vaisseau, autour
duquel circule une galerie haute, soutenue par de
légères arcatures.

Palais des Manufactures nationales (Page 187).

Le grand hall et les galeries de circulation
servent d'exposition aux manufactures d'art industriel de l'Italie. On y voit des statues, des bustes,
des fontaines monumentales. La manufacture di
Signa de Venise a envoyé ses dentelles, et Murano,
ses objets en verrerie, ces délicates et précieuses
créations que les amateurs se disputent. Sur les
murs sont drapées des soies ouvrées, des étoffes
brochées, des pièces de broderie et d'application;

çà et là, sont disposées des pièces de ciselure, des bronzes, de la ferronnerie d'art et des mosaïques.

En quittant la *rue des Nations*, où nous avons contemplé d'admirables spécimens d'architecture de tous les pays, avec une restitution ingénieuse de tant de monuments qu'il ne nous sera jamais donné de visiter sur place, il nous reste à visiter l'Esplanade des Invalides.

L'Exposition des Invalides forme un rectangle.

A droite, en venant du Pont de l'Alma, la grande gare des Invalides.

A l'entrée, en débouchant du Pont, on trouve à droite et à gauche, rattachées à des portiques décoratifs, des constructions où les Manufactures nationales ont disposé leurs œuvres d'art.

Au delà, deux palais s'allongent sur une longueur de 220 mètres environ, et sur une largeur de 50 mètres. Ils sont affectés aux industries privées.

Celui qui est le plus rapproché de la rue de Constantine appartient à l'industrie française; celui qui longe la rue Faber, aux industries étrangères.

Ces deux palais s'arrêtent sur un troisième qui s'aligne le long de la rue de Grenelle, et qui a une destination analogue.

L'avenue du milieu présente une largeur de 50 mètres, mais on a dû respecter les ormes de l'Esplanade.

Le Palais du Mobilier et des Industries diverses s'étend sur une longueur de 220 mètres. Il est l'œuvre de M. Larche.

L'attention du visiteur se portera sur les deux Palais qui bordent l'entrée de l'Esplanade.

D'un côté, le Palais consacré à la **Manufacture de Sèvres.** Admirons un instant les gracieuses statuettes en biscuit, chefs-d'œuvre de notre fabrication nationale, les fins émaux translucides, capables de rivaliser avec les plus beaux émaux de Pierre Limosin.

Le second palais, consacré à nos Manufactures nationales, nous requiert. C'est là que sont exposées les magnifiques tapisseries des **Gobelins.**

Nos lecteurs parcourront avec intérêt toutes les classes des groupes installés à l'Esplanade des Invalides. C'est le mobilier et sa décoration qui sont certainement les maîtres de l'art industriel.

Au groupe XII, classe 74, une attraction a été ménagée, c'est le **Musée des fêtes.** Les organisateurs se sont proposés de faire en quelque sorte la synthèse des manifestations de *la vie en plein air* à travers les âges : fêtes, sacres, revues, divertissements de toute sorte, avec le décor et les costumes authentiques, les tapisseries de l'époque, les trophées, les oriflammes, les panoplies et même les médailles commémoratives. Les collectionneurs ont apporté un précieux concours à l'organisation de ce *Musée,* qui mérite une visite particulière.

L'Exposition des Invalides est enrichie par la collaboration du Japon, de la Hongrie, du Danemark, de la Grande-Bretagne, des États-Unis, de la Russie et de la Belgique.

Ces nations ont apporté un concours précieux, car, toutes, à des degrés différents, attachant une grande importance au mobilier et à sa décoration, ont voulu montrer les spécimens les plus curieux de leur art.

A Vincennes.

Exposition des Sports et de l'Agriculture

Vincennes a réclamé sa part de l'affluence du public ; il l'aura.

Dans l'enceinte que s'est réservée l'Administration de l'Exposition de 1900, s'élève le **Palais des Sports et de l'Agriculture** avec champ d'expériences qui répond aux mœurs de l'époque, éprise de la vie en plein air.

Dans ce palais, figure tout l'outillage si compliqué de chaque sport en particulier, pêche et chasse à part, qu'on a gardées pour le Champ-de-Mars.

Des concours auront lieu fréquemment, mais pour y assister, il faut s'en référer au programme de la journée.

Communications. — Pour se rendre à Vincennes, on se rendra au pont National, d'où un tramway spécial conduira le public dans l'enceinte même de l'Exposition. Au centre de Paris, on prendra Louvre-Vincennes.

La ligne du pont National à Vincennes a cet avantage, qu'elle permettra à tous les voyageurs des Bateaux Parisiens de se rendre facilement à leur but.

FIN

DIDIER & MÉRICANT, Éditeurs, 1, rue du Pont-de-Lodi.

Extrait du Catalogue de la
NOUVELLE COLLECTION ILLUSTRÉE
à 20 Centimes LE VOLUME
(Couverture jaune)

DERNIÈRES NOUVEAUTÉS

Le Roman de l'Aiglon, par CAROLUS . .	1 vol.

Ouvrages de MAYNE-REID :

La Chasseresse Sauvage.	2 vol.
Dans la Prairie	2 vol.

Ouvrages de C. DE CENDREY :

Le Trappeur du Kansas	1 vol.
Le Prisonnier des Sioux.	2 vol.
La Fille du Grand Chef	2 vol.
L'Ange des Frontières	2 vol.
Flèche d'Or.	2 vol.
L'Espion Indien.	2 vol.
L'Auberge de l 'Ours Noir	2 vol.
La Captive des Mohawks.	2 vol.

Roméo et Juliette, d'après SHAKESPEARE.	2 vol.
Faust, d'après GŒTHE	2 vol.
Werther, par —	1 vol.
Manon Lescaut, par l'Abbé PRÉVOST. . .	2 vol.
Paul et Virginie, par BERNARDIN DE SAINT-PIERRE	2 vol.

Envoi franco *de chaque volume contre*
30 centimes. —

Bulletin de Souscription

Je, soussigné, prie MM. DIDIER et MÉRICANT, Édi-teurs, 1, rue du Pont-de-Lodi, Paris, de m'envoyer **franco**

LA CHEMISE A TRAVERS LES AGES

Album inédit par Armand Silvestre *et* L. Le Riverend, *contre la somme de* **3 fr. 50.**[(1)] (Voir à la dernière page du *Guide*.)

(*Noms et Adresse*) ....

....

.... Signature :

(1) Prière de joindre un **mandat-postal** de 3 fr. 50.

La Chemise
à travers les Ages

PAR

ARMAND SILVESTRE

Dessins de L. LE RIVEREND

ALBUM MODERNE ET DOCUMENTAIRE INÉDIT
Illustré de 16 grandes reproductions en simili-gravure

Format in-4₀ raisin. — Prix 3 fr. 50

(Voir le Bulletin de souscription à la page précédente.)

PARIS. — IMP. P. IMBERT, 7, RUE DES CANETTES.

www.ingramcontent.com/pod-product-compliance
Lightning Source LLC
Chambersburg PA
CBHW070405090426
42733CB00009B/1543